U0568763

中国古代乐器

王 欣　编著

中国商业出版社

图书在版编目（CIP）数据

中国古代乐器／王欣编著．-- 北京：中国商业出版社，2015. 10

ISBN 978 - 7 - 5044 - 8584 - 7

Ⅰ．①中… Ⅱ．①王… Ⅲ．①古乐器 - 介绍 - 中国 Ⅳ．①K875. 5

中国版本图书馆 CIP 数据核字（2015）第 229234 号

责任编辑：张一之

中国商业出版社出版发行
010 - 63180647 www. c - cbook. com
（100053 北京广安门内报国寺 1 号）
新华书店经销
三河市同力彩印有限公司印刷
*
710 毫米 × 1000 毫米 16 开 12. 5 印张 200 千字
2015 年 11 月第 1 版 2019 年 4 月第 2 次印刷
定价：25. 00 元
* * * *
（如有印装质量问题可更换）

《中国传统民俗文化》编委

序 言

中国是举世闻名的文明古国，在漫长的历史发展过程中，勤劳智慧的中国人，创造了丰富多彩、绚丽多姿的文化，可以说人创造了文化，文化创造了人。这些经过锤炼和沉淀的古代传统文化，凝聚着华夏各族人民的性格、精神、智慧，是中华民族相互认同的标志和纽带，在人类文化的百花园中摇曳生姿，展现着自己独特的风采，对人类文化的多样性发展做出了巨大贡献。中国传统民俗文化内容广博，风格独特，深深地吸引着世界人民的眼光。

正因如此，我们必须深入学习贯彻党的十八届三中全会精神，按照中央的要求，加强文化建设。2006 年 5 月，时任浙江省委书记的习近平同志就已提出："文化通过传承为社会进步发挥基础作用，文化会促进或制约经济乃至整个社会的发展。"又说："文化的力量最终可以转化为物质的力量，文化的软实力最终可以转化为经济的硬实力"。(《浙江文化研究工程成果文库总序》)2014 年他去山东考察时，又再次强调：中华民族伟大复兴，需要以中华文化发展繁荣为条件。

学习习近平同志的重要讲话，确可体会到，在政治、经济、军事、社会和自然要素之中，文化是协调各个要素协同发展、相关耦合的关键。正因为此，我们应该对华夏民族文化进行广阔、全面的检视。我们应该唤醒我们民族的集体记忆，复兴我们民族的伟大精神，发展和繁荣中华民族的优秀文化，为我们民族在强国之路上阔步前行创设先决条件。

实现民族文化的复兴，更必须传承中华文化的优秀传统。现代的中国人，特别是年轻人，对传统文化十分感兴趣，蕴含感情。但当下也有人对具体典籍、历史事实不甚了解。比如说，中国是书法大国，谈起书法，有些人或许只知道些书法大家如王羲之、柳公权等等的名字，知道《兰亭集序》是千古书法珍品，仅此而已。再比如说，我们都知道中国是闻名于世的瓷器大国，中国的瓷器令西方人叹为观止，中国也因此而获得了“瓷器之国”（英语 china 的另一义即为瓷器）的美誉。然而关于瓷器的由来、形制的演变、纹饰的演化、烧制等等瓷器文化的内涵，就知之甚少了。中国还是武术大国，然而国人的武术知识，或许更多地来源于一部部精彩的武侠影视作品，对于真正的武术文化，我们也难以窥其堂奥了。我国还是崇尚玉文化的国度，我们的祖先，发现了这种“温润而有光泽的美石”，并赋予了这种冰冷的自然物以鲜活的生命力和文化性格，例如“君子当温润如玉”，女子应“冰清玉洁”“守身如玉”；“玉有五德”，即“仁”“义”“智”“勇”“洁”，等等。今天，熟悉这些玉文化内涵的国人，也为数不多了。

也许正有鉴于此，有忧于此，近年来，已有不少有志之士，开始了复兴中国传统文化的努力，读经热开始风靡海峡两岸，不少孩童乃至成人，开始重拾经典，在故纸旧书中品味古人的智慧，发现古文化历久弥新的魅力。电视讲坛里一波又一波对古文化的讲述，也吸引着数以万计的人们，重新审视古文化的价值。现在放在读者眼前的这套“中国传统民俗文化丛书”，也是这一努力的又一体现。我们现在确应注重研究成果的学术价值和应用价值，充分发挥其认识世界、传承文化、创新理论、咨政育人的重要作用。

中国的传统文化内容博大，体系庞杂，该如何下手，如何呈现？这套丛书处理得可谓系统性强，别具心思。编者分别按物质文化、制度文化、精神文化等方面来分门别类地进行组织编写，例如在物质文化的层面，就有中国古代纺织、中国古代酒具、中国古代农具、中国古代青铜器、中国古代钱币、中国古代石刻、中国古代木雕、中国古代建筑、中国古代砖瓦、中国古代玉器、中国古代陶器、中国古代漆器、中国古代桥梁，等等。

在精神文化的层面，就有中国古代书法、中国古代绘画、中国古代音乐、中国古代艺术、中国古代篆刻、中国古代家训、中国古代戏曲、中国古代版画，等等；在制度文化的层面，就有中国古代科举、中国古代官制、中国古代教育、中国古代军队、中国古代法律，等等。

此外，在历史的发展长河中，中国各行各业还涌现出一大批杰出的人物，至今闪耀着夺目的光辉，启迪后人，示范来者。对此，这套丛书也给予了应有的重视，中国古代名将、中国古代名相、中国古代名帝、中国古代文人、中国古代高僧，等等，就是这方面的体现。

生活在 21 世纪的我们，或许对古人的生活颇感好奇，他们的吃穿住用如何？他们如何过节？如何安排婚丧嫁娶？如何交通？孩子如何玩耍？等等。这些饶有兴趣的内容，这套中国传统民俗文化丛书，都有所涉猎，例如中国古代婚姻、中国古代丧葬、中国古代节日、中国古代风俗、中国古代礼仪、中国古代饮食、中国古代交通、中国古代家具、中国古代玩具、中国古代鞋帽，等等，这些书籍介绍的，都是人们深感兴趣，平时却无从知晓的内容。

在经济生活的层面，这套丛书安排了中国古代农业、中国古代纺织、中国古代经济、中国古代贸易、中国古代水利、中国古代车马、中国古代赋税等等内容，足以勾勒出古人经济生活的主要内容，让今人得以窥见自己祖先曾经的经济生活情状。

在物质遗存方面，这套丛书则选择了中国古镇、中国古楼、中国古寺、中国古陵墓、中国古塔、中国古战场、中国古村落、中国古街、中国古代宫殿、中国古代城墙、中国古关等内容。相信读罢这些书，喜欢中国古代物质遗存的读者，已经能大致掌握这一领域的大多数知识了。

除了上述内容外，其实还有很多难以归类却饶有兴趣的内容，例如中国古代乞丐这样的社会史内容，也许有助于我们深入了解这些古代社会底层民众的真实生活情状，走出武侠小说家们加诸他们身上的虚幻不实的丐帮色彩，还原他们的本来面目，加深我们对历史真实的了解。继承和发扬中华民族几千年创造的优秀文化和民族精神是我们责无旁贷的历史责任。

不难看出，单就内容所涵盖的范围广度来说，有物质遗产，有非物质遗产，还有国粹。这套丛书无疑当得起“中国传统文化的百科全书”的美誉了。这套书还邀约了大批相关的专家、教授参与并指导了稿件的编写工作。应当指出的是，这套书在写作中，既钩稽、爬梳大量古代文化文献典籍，又参照近人与今人的研究成果，将宏观把握与微观考察相结合。在论述、阐释中，既注意重点突出，又着重于论证层次清晰，从多角度、多层面对文化现象与发展加以考察。这套丛书的出版，有助于我们走进古人的世界，了解他们的美好生活，去回望我们来时的路。学史使人明智，历史的回眸，有助于我们汲取古人的智慧，借历史的明灯，照亮未来的路，为我们中华民族的伟大崛起添砖加瓦。

是为序。

傅璇琮

2014 年 2 月 8 日

前　言

音乐，常常让人想像着如梦幻般的美境，如痴如醉，仿佛身临其境，听着激昂的旋律，感到全身的血液都在沸腾。每一首乐曲，通过乐器蜿蜒流淌出来，犹如天籁之音。

乐器的存在，或作为一个时代的音乐文化标志，或作为一位演奏大师的精品，或作为一位收藏家的珍藏，或作为音乐学家的研究对象，它们显现的各种形态、结构、功能都直接影响着人们的价值观和审美观，无不折射出不同历史时期、不同民族、不同地域在音乐文化上的智慧之光。乐器是蕴含着各个历史时期音乐文化断层的、文化特征的积淀物。古代乐器所展示的精美绝伦的造型、绚丽夺目的色彩和纹饰，越来越引起收藏家、文化界的关注。

乐器虽然属于听觉艺术的工具，却常常被制作高手创造出优美的外形、瑰丽的纹饰，俨如视觉艺术品。乐器在演奏家的手中飞扬出优美的乐音，还流传着千百年的神奇传说，反映出一个民族的音乐文化、信仰、道德和向往。

古往今来，曾经使用和正在使用的乐器数不胜数。《中国古代乐器》一书通过较为通俗的语言、生动的图片，深入浅出地介绍了中国最有生命力、最有代表性的几十种乐器。本书的特点在于：不仅介绍了我国古代乐器、我国各少数民族的主要乐器的外形、构造及特点，更介绍了乐器的艺术表现力、相关音乐文化。

本书将带给读者朴素易懂的乐器历史故事和一定的音乐文化观念，奉献给读者一定的乐器知识、科学原理和学术趣味。

人们常说一本好书能让人受益终生。我们期盼此书能为热爱音乐的青少年们提供一些参考与思路，或者为那些将来想要走进音乐殿堂的青少年们奠定一个良好的基础，使其能够系统地浏览古今中外乐器的概貌。

现在，就让本书伴你步入乐器的世界，徜徉于音乐的海洋，体味东方音乐文化散发的芳香吧！

目录

第一章　古代乐器概述

第二章　打击乐器

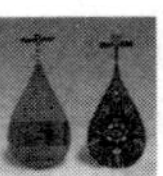

第一章

古代乐器概述

乐器，人类文明发展成就的结晶，它凝聚着音乐理论、生产制造、音乐创作、乐器演奏等方面的丰硕成果，映射出漫漫历史发展长河中政治的变迁、经济的进步、科学技术的发展、文化的交融、军事的对峙……

第一节 乐器发展简史

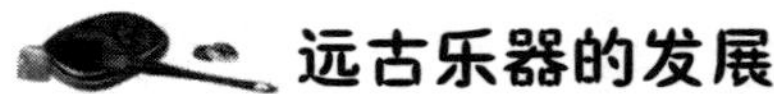

远古乐器的发展

相对音乐图像而言，远古音乐实物遗存最具音乐学价值的当是乐器实物。迄今所见远古乐器实物，主要是新石器时代先民用动物遗骨、陶土制作的吹奏乐器，用石（玉）料、陶土和动物皮甲及树木制作的击奏乐器。这些乐器形制粗略、造型古拙，具有远古先民早期狩猎劳动生活的深刻烙印和人类早期造型艺术的简朴特征，其音乐性能和功能，亦与远古先民生产劳动、原始信仰和祭祀、巫术内容相关。它们的陆续发现，使中国历史文献记载中诸多音乐传说和音乐描述，成为可以对照的具体音乐事实。

1. 骨哨

骨哨是新石器时代原始先民用禽类动物肢骨制作的一种兼具娱乐功能的狩猎吹奏器具。20 世纪 70 年代以来，此种骨哨在中国浙江余姚河姆渡、江苏吴江梅埝等新石器时代文化遗址中都有数量众多的发现。其中仅河姆渡遗址一处就发现 160 余件，经碳－14 测定，其年代距今约 7000 年，时处新石器时代早期。此批骨哨，均用禽类肢骨为管体材料，长度 6 厘米至 10 厘米不等，开 1 孔或 2 孔、3 孔，选择其中部分骨哨试奏，有的迄今仍可吹出动物鸣叫似的音调。另江苏吴江梅埝遗址亦出土一批骨哨，此遗址属中国考古学所称新石器时代中晚期的马家浜文化和良渚文化，据碳－14 年代测定，其年代距今

为6000年前至4200年前，略晚于浙江余姚河姆渡骨哨，时间上正好与河姆渡遗址骨哨相衔接。

骨哨在先民生活中的用途，可能是多方面的，据发掘报告、有关历史文献材料和民族学材料分析，我们可做下述多方面推测：

（1）狩猎工具。新石器时代先民，主要依靠狩猎和萌芽状态的农业、饲养业生存。从河姆渡遗址出土的动物遗骨绝大部分是鹿科动物的情况判断：当时先民主要的狩猎对象是鹿科动物，而鹿科动物有群栖生活习性，每有母类、幼类鸣叫，四散各处的同类即寻声集聚，这样便常常成为先民们用骨哨模拟幼鹿、母鹿鸣叫引诱其到来而加以捕猎的对象。宋代文献记载中国北方狩猎民族女真人，狩猎时采用模仿鹿鸣以引诱群鹿到来的捕猎法，似可作为远古骨哨这一狩猎工具的确存在的佐证：

女真，在契丹东北隅，好渔猎，每见野兽之踪，蹑而求之，能得其潜伏之所，又以桦皮为角，吹作呦呦之声，呼麋鹿而射之。

至今生活在中国东北大兴安岭原始森林中的达斡尔、鄂伦春、鄂温克等民族，仍保留着用木制鹿哨和树皮狍哨吹奏出母鹿、幼狍鸣叫声来诱捕公鹿和母狍的狩猎习惯。

（2）娱乐器具。用骨哨吹出的音调虽然主要是为了捕猎，但也不排除先民在闲暇时将它兼作娱乐性音调来欣赏的可能，迄今我们仍然可见有作为娱乐器具的民间各种哨类吹器流传于世，这当是人类简朴娱乐生活的一种必然表现。

（3）祭祀器具。原始社会普遍存在对自然的崇拜，对能够使他们获得猎物的力量充满敬畏，在祈求收获的祭祀活动中，视骨哨和其他一些工具为具有捕获猎物力量的祭具，当是一种符合逻辑的举动。

2. 骨笛

作为年代最古老的一种具有纯粹音乐意义的管乐器，骨笛无疑是20世纪80年代以来中国音乐史上最重要的考古发现。这种乐器出土于河南舞阳新石器时代早期遗址，管体设七孔，可吹出七声音列，年代距今8000年左右。考古学者暂称其为“笛”，是考虑到作为一种泛称，笛是可以包含此种形制和奏

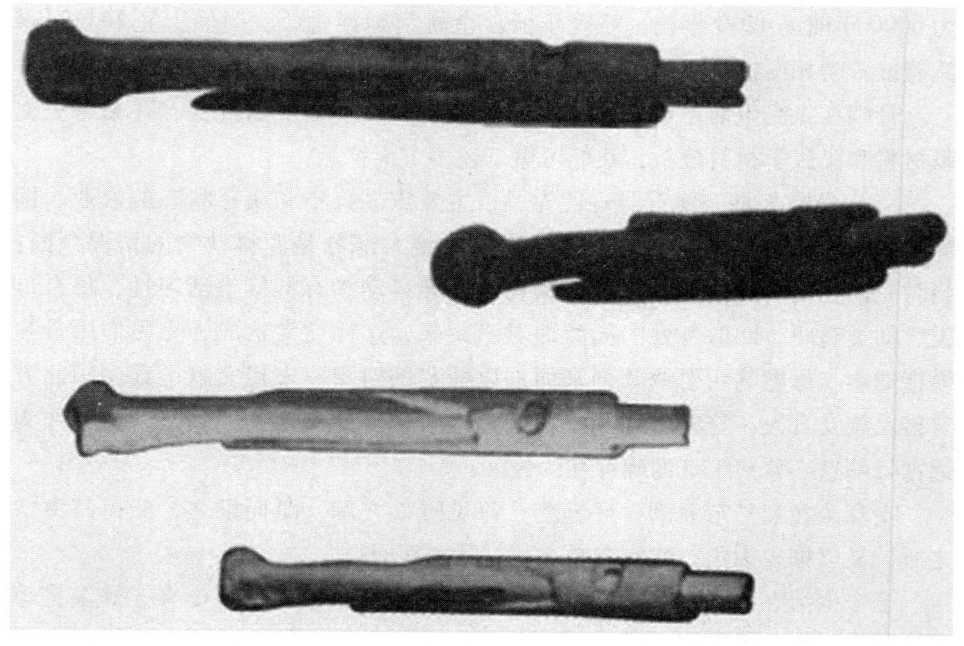

骨哨

法的管乐器。

3. 陶埙

陶埙是一种用泥土烧制成中空的器体，为球状、卵状、橄榄状、管状、鱼状的陶质吹奏乐器。浙江余姚河姆渡、陕西西安半坡、山西万荣荆村、山西襄汾陶寺、山西太原义井村等新石器时代早、中、晚期遗址，均有此类吹奏乐器出土。早期的仅有一吹孔，至晚期已见有三孔形制，可吹出三音和由此三音组成的三音列。现举其中三例：

陶埙

河姆渡陶埙夹炭黑陶，卵形，有一吹孔设于顶端，高 6. 5 厘米，腹径约 4 厘米。1973 年出土于浙江余姚县河姆渡新石器时代遗址第四

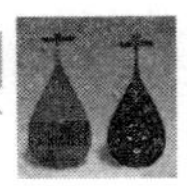

文化层，据碳－14测定并校正，年代为新石器时代早期，距今约7000年，这是迄今所知年代最早的陶埙实物。

半坡陶埙泥质灰陶，橄榄形，器体内腔为管状，上下相通，上为吹孔，下为指孔，经吹奏测音，可发相距小三度的两音。1953年出土于陕西西安半坡新石器遗址下层，据碳－14测定并校正，年代在公元前4840—前4085年之间，距今6000多年，为仰韶文化早期、新石器时代中期的遗物。

荆村陶埙，球状，顶端吹孔之下，左右各设有两个指孔，可用全闭、开一指孔、全开两指孔而得三音，此三音测音结果为e5、b5、d6。1931年出土于山西万荣县荆村，与此同时出土的还有两个陶埙：一个为管状，仅一孔；另一个为卵状，设二孔。据考，此遗址陶埙属仰韶文化类型，年代约是新石器时代中期。

从河姆渡早期陶埙仅一音孔（吹孔）与骨哨属于相同文化类型的情况判断，其早期功用似与骨哨相同；与狩猎劳动用于模拟动物鸣叫和其他功能有关。其后随着音孔的增多，艺术功能渐趋加强，至商周时代，即已成为一种纯粹音乐意义的吹奏乐器了。

4. 磬

磬是用石料制作的一种片状击奏乐器。形状虽然多样，但最常见的是上作矩形，下作直线或微弧形；或上下均作矩形。上部均有一孔，专用以穿绳悬挂，以敲击方法演奏。

磬多采用发音清亮的石料打磨而成，早期打制痕迹比较明显，表面粗糙，形状不一；后期经磨制加工，表面精细并多刻画图案装饰。迄今所见远古石磬实物，多单枚使用，凡单枚使用的磬，后世称为“特磬”。今择陶寺石磬一枚为例：

陶寺石磬1979年出土于山西襄汾陶寺新石器时代晚期大墓，用石片原料打制而成，磬面粗糙，高低不平，上部略成矩形，下部直线形，中上部琢钻有一悬孔，孔内有绳索磨擦痕迹，证实曾长期悬挂使用。此磬发音厚实、短促，测试音高为C5。陶寺遗址作为龙山文化的一个类型，其年代综合碳－14测定的三个标本，为公元前2400年左右，距今约4400年，时属新石器时代

晚期，略早于夏代。

远古石磬形制多与同时代片状石制工具石刀、石镰之类相近，有时二者之间很难区别，因此关于石磬的起源似可做这样推测：远古先民在长期使用片状石制工具的生产和生活中，发现这些石器经碰击可以发出清亮的声音，于是便将其作为击器使用，从此即逐步衍化为专门的击奏乐器。

5. 陶钟

青铜时代还未到来之前，远古先民就在新石器时代中期用陶土创造出了中国历史上最早的“陶钟”。这是一种用泥土烧制的与其后周代青铜钟形制和奏法基本相同的陶质击奏乐器。

迄今所见远古陶钟实物有庙底沟陶钟一件，其形制是：顶端为圆柱形短柄，其下为圆筒长形共鸣钟体，高约 9 厘米，径约 5 厘米，外形上小下大，整体呈狭长梯形。由于柄短且体狭长，显然宜于悬挂击奏，这与后世周代出现的钟口向下以悬挂方式演奏的青铜钟形制相近。此器 1953 年发现于河南陕县庙底沟新石器时代遗址的仰韶文化堆积层，经碳－14 年代测定并校正，其年代为公元前 3900 至 3000 年间，距今 5000 多年，据此可知此陶钟为新石器时代中期遗物，属后世青铜钟类乐器之祖先。

这里所谓“钟类”乐器，是指周代以来以青铜钟为代表的一系列钟口向下用悬挂方式击奏的一类青铜击乐器，它包括样式各异、同名和异名的各式铜钟及镈。

6. 陶铙

这是一种与陶钟近似但奏法不同而应单列一类的击奏乐器。

迄今所见远古陶铙实物，有客省庄陶铙一件。其形制是：顶端为圆柱形长柄，下为横宽形共鸣胴体，体高明显小于直径，整体呈短宽长方形，长柄明显宜于器口向上执鸣（手握柄执举演奏）或植鸣（将柄插植于案架演奏），整体形态很似其后商代多见的器口向上以手执或植于座架方式演奏的铜铙类击奏乐器。此器 1955 年发现于陕西长安客省庄二期文化层，经碳－14 年代测

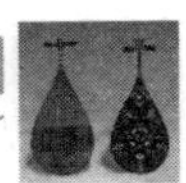

定并校正，年代为公元前2300至2000年间，距今4000多年，据此可知此器为新石器时代晚期遗物，属后世青铜铙类乐器之祖先。

这里所谓“铙类”乐器，是指商代以来一系列器口向上用手执方式或植于案架方式演奏的一类青铜乐器，它包括样式各异、同名、异名的各种铜铙、铜钲（非唐宋文献所称“锣形”钲）等。

7. 鼍鼓

这是远古传说提及最多也是唯一明确的皮膜（膜鸣）类打击乐器。在中国古代文献中鼍也作“夔”，“鼍”与“夔”古文相通。据记载，夔是一种其状如牛，居于大泽的水陆两栖怪兽：

东海中有流波山，入海七千里。其上有兽，状如牛，苍身而无角，一足，出入水则必风雨，其光如日月，其声如雷，其名曰“夔”。黄帝得之，以其皮为鼓，橛以雷兽之骨声闻五百里，以威天下。

夔生活于江河湖泊之滨，每至雷雨季节即发出令人震撼的鸣叫，远古先民即编为神话，言它是用尾做鞭自鼓（击）腹部才发出似雷似鼓的神灵音乐，于是便奉之为雷神和音乐之神：

雷泽有神，龙首人头，鼓其腹而熙。

其实，夔就是鳄鱼，鼍鼓就是用鳄鱼皮做膜面的鼓，这是一种兼具巫器性能的击奏乐器。1978年，中国考古部门在山西襄汾陶寺遗址发掘出一具鼍鼓实物，从而证实远古传说中夔鼓确实存在。

此鼍鼓鼓腔用树干挖空制成，腔面涂有繁彩，长约1米，径一端为0.4米，另一端为0.5米，用鳄鱼（鼍）皮蒙面，出土时蒙面已朽，但鼓腔内仍可见散落的鳄鱼皮甲，此鼓与前述陶寺石磬属同一文化类型，年代相当，距今4000多年，属新石器时代晚期遗物。

鼍鼓

远古乐器的诞生，虽然导因于祖先群体生活内容的多样化，但它们一旦出现，即立即与先民原始信仰及其巫术活动密切地联系在一起，这是人类初级阶段依附自然、惧畏自然、神话自然的一种必然结果。从远古神话传说中相关乐器类型表现出的祭祀功能和巫术作用，以及上述各种乐器发掘时多出于祭祀灰坑的客观事实，即不难做出上述推断和结论。

先秦乐器的发展

1. 确定了乐器的分类法—— “八音”

这段时期的乐器总数见于记载的有一百多种，以打击类为主，出土实物以曾侯乙编钟影响最大，音乐也以钟鼓乐为代表。

2. 音乐的教化作用

《周礼·春官》明文规定，天子之乐，必须以四面悬挂钟磬类乐器的组合形式演奏；诸侯用三面；大夫用两面；士用一面。同样，参与演出的诗、歌、舞，三位一体的表演者人数也有严格的等级要求。一次，鲁国当政的三家卿大夫在祭祀祖先时用天子的礼仪唱《雍》诗，孔子知道了很生气，当得知其中的季孙氏竟享用天子才能用的“八佾（义）”（即六十四人的乐舞）时，气愤地说：“是可忍，孰不可忍。”可见音乐的表演形式在当时是身份与地位的象征。

3. 音乐的娱乐作用

原始社会乐器的出现多与神话传说、求神祭祀、民间舞蹈、劳动生活有着密切的联系。进入阶级社会以后，乐器除了用于宗教、礼仪等场合外，主要供统治者娱乐享受。并且在乐器的制作上不仅精美豪华，规模越来越大，同时以乐队规模标志身份地位。

4. 古琴音乐的发展

古琴在这个时期出现，并很快成为一种十分重要的独奏乐器。我们知道，琴、棋、书、画是古代文人的基本素养，其中就以琴为首。

隋唐乐器的发展

这是我国乐器发展史上的鼎盛时期。随着中外文化交流的日渐频繁，大量的外国乐器传入我国，弹奏类乐器得到空前的发展和繁荣，形成了我国乐器发展的最高峰时期，此时乐器种类约 300 种。

该时期丘明传谱的《碣石调幽兰》是我国最早的琴谱，现存于日本，用文字谱记录，共计 4945 字。晚唐曹柔创立减字谱，这使得古琴记谱更加快速便捷。

当时的古琴谱种类有文字谱、减字谱、俗字谱、半字谱、工尺谱、二四谱。

此时出现了最早的拉弦类乐器轧筝和奚琴。

轧筝：约七根弦，用竹片润湿其端，擦弦发出声响。

奚琴：状似现代二胡，两根弦，用竹片在两根弦当中摩擦发音。

在器乐演奏方面，此时琵琶艺术获得极大发展，无论从乐器形制、演奏姿势、演奏手法等方面均发生了重大变革。琵琶不仅成为唐代歌舞音乐的主要伴奏乐器，在独奏方面也发展到了相当高的水平，许多文献和文学作品中均有记载。

宋元明清乐器的发展

这段时期最为重要的是弓弦乐器的发展，弓弦乐器的传入和普遍使用，促进了戏曲、说唱音乐的发展。古琴则出现了众多的流派，这段时期宫廷音乐逐渐萧条，取而代之的是民间音乐。

宋代以后，弦乐器有了突出的变化和发展。根据记载，继奚琴之后，

宋代已出现了马尾胡琴。元明以后出现了大阮、五弦阮、月琴、葫芦琴、渤海琴、火不思、二弦、丹布拉、基他尔、喇巴卜、提琴、哈尔扎克、洋琴等五十多种弦乐器，实际上存在于民间的弦乐器其类别还远不止于此。其中金元时期从北方传入的唢呐，是吹管乐器家族中最大也是最重要的变化。

第二节 传统民族乐器

西周八音之乐

《周礼·春官》记载：“凡六乐者，文之以五声，播之以八音。”意思是说：商周时代的六部大型乐舞，在音乐形态结构上都以五声为基础构成，都用 8 种类型的乐器来组合演奏。文中所言“五声”，原意是指“宫、商、角、徵、羽”5 个基本音级，这里是泛指礼乐作品的音乐形态和形式；文中所言“八音”，原意是指 8 种最基本的乐器类型，这里是泛指商周时代出现的各种不同类型的乐器。

继远古时代之后，商周时代乐器种类又有很大扩充，仅文献提到和记录到的就达 70 余种。从人类认识能力发展角度来说，同一大类事物品种的不断增多，必然会导致人们产生对这类事物进行再分类的理性追求。商周时代乐器品种的大量增加和广泛使用，在当时便顺理成章地引导出我国音乐史上最早的乐器类型划分——“八音”。

1. “金”类

这是指用金属（青铜）制为发音器体的一类乐器，如钟、铙、铃、铜鼓等。继新石器时代之后，青铜冶炼及其乐器制作技术在商周时代有了很大发展，青铜类乐器逐渐取代早前石、陶乐器的主导地位而成为此期最为引人注目的乐器类型。其中最具代表性的品种是钟类、铙类，此外还有西南民族地区的铜鼓等。

钟类乐器包括钟、镈等，均为悬鸣，即器口向下、器甬或器钮向上悬挂于架上演奏；铙类乐器包括铙、钲、句等，主要为执鸣或植鸣，即器口向上用手执柄或植柄于案上演奏，偶见有少数悬鸣；铃类乐器包括铃、铎等，腔体内均悬有舌，摇动时舌碰击腔体发声。

钟和铙单枚使用时称为“特钟”或“特铙”；多枚不同音高的钟或铙成套编排使用时称为“编钟”或“编铙”。编钟和编铙早期枚数较少，后期枚数增多。如早期的殷墟妇好（妣辛）墓编铙，由不同音高的 5 枚铜铙组成；而属晚期的战国曾侯乙编钟，已由不同音高的 64 枚钟组成。

铜鼓是一种通体铜铸形如“坐墩”的击器，可平置于地，亦可悬挂击奏。最早出现在文献所称的“西南夷”地区。1960 年和 1975 年，考古部门在云南祥云大波那和楚雄万家坝出土 16 具此形制铜鼓，年代为战国时期，是迄今所见年代最早的“蛮夷系”铜鼓。

“八音之中，金石为先”。这是说商周宫廷和贵族阶层的重大祭典和仪式音乐，都离不开钟、铙类青铜乐器和磬类石（玉）乐器。这些乐器都被视为最珍贵的礼乐“重器”而得到拥有者的特殊重视：演奏时，它们多被放置在显要位置，并以数量之多少和形制之大小来显示主人的社会地位和权力。如钟类青铜乐器，按周礼规定：帝王使用时四面排列，称“宫悬”；诸侯使用时三面排列，称“轩悬”；卿大夫使用时两面排列，称“判悬”；士使用时一面排列，称“特悬”。此即先秦文献所说：

王宫悬，诸侯轩悬，卿大夫判悬，士特悬。

铜鼓在西南民族中也属最为贵重和庄严的礼器，只有在氏族或部落重大礼仪和祭祀活动中才能使用这种乐器。

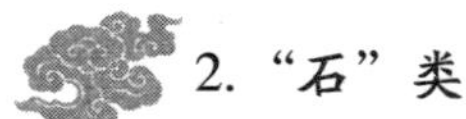

2. “石”类

这是指用石料、玉料制为发音器体的一类乐器，如磬、编磬等。

磬发展至商代，在制作上更趋精细，并出现多枚不同音高磬片组合成套来使用的编磬。商代早期编磬大多3枚一组，如殷墟出土的一套编磬就由3枚组成；后期枚数逐渐增多，有的多达40余枚，如战国曾侯乙墓编磬，全套有不同音高的磬片41枚，演奏时以音域为序悬挂32枚，另9枚作为备用件，随时换用。

磬也是一种礼乐重器，在商周上层社会的祭祀礼乐中，具有与青铜乐器相同的地位和作用。

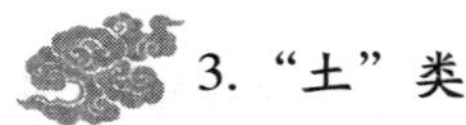

3. “土”类

这是指用泥土烧制为发音陶体的一类乐器，如陶埙。

陶埙发展至商代，无论是制作形态还是音乐性能，都较前期有明显变化。此期陶埙形状大部分都被规范为吹口向上而可平置的平底卵形。音孔设置数量较前增多，一般可达5孔，所奏音列即呈不断完备的发展趋势。如河南辉县琉璃阁150号殷墓出土的一大一小两个陶埙，即为平底卵形，各有5个按音孔，可奏8个连续半音。

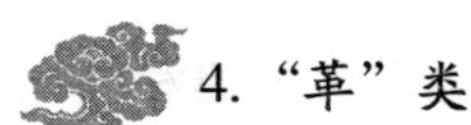

4. “革”类

这是指用动物皮革制为发音膜面的一类乐器，如各种形态的皮面鼓。

据考古发现，继远古夔皮鼓之后，以牛、羊等动物皮革作为膜面的鼓，逐渐在商周社会中得到广泛使用，这些鼓因使用场合和音乐性能不同而呈现多种形制。其中较有代表性的实物遗存如湖北江陵望山一号楚墓的虎座鸟架鼓，随县曾侯乙墓出土的膜面健鼓、小鼓等。

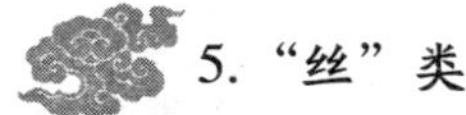

5. “丝”类

这是指用丝线制为发音琴弦的一类乐器，如琴、瑟、筑等。其中琴和瑟

是弹奏类弦乐器，筑是击奏类弦乐器。

琴、瑟和筑，是继金石类打击乐器和骨陶（土）类吹奏乐器之后，在我国乐器发展史上最早出现的一类弦乐器。此类弦乐器在先秦文献中有较多提及，如《诗经·十五国风》《关雎》篇所唱“窈窕淑女，琴瑟友之”（《周南》）的词句；《吕氏春秋》所记民间音乐家伯牙奏琴觅得知音和他所奏琴曲《高山》《流水》（曲谱1）的故事；以及《史记·刺客列传》所载荆轲欲刺秦王而有高渐离击筑而歌的记述，等等。这些记述表明：此类弦乐器自出现以来，便较多地在民众和称为“士”的知识分子阶层中广泛流传。由于丝类弦乐器皆丝弦木体，远古墓葬难于保存，依靠早期出土实物来确断诞生年代的可能性小于石、陶（土）类乐器，故推断：我国音乐史上这批率先出现的丝类弦乐器，年代不会晚于西周。

迄今所见最早的琴、瑟类弦乐器实物，多为春秋战国时代文物遗存，其形态与后世的琴、瑟略有差异。如战国曾侯乙墓出土的十弦琴，与后世设七弦之琴略异，此可视为后世琴的早期形制；另同墓出土的二十五弦瑟，则与后世瑟大体相同。筑在此期主要见于文献，迄今所见筑实物遗存多为汉代筑，故商周筑实物遗存，还有待进一步考古发现。

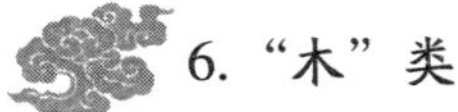

6.“木”类

这是指用木料制为发音器体的一类乐器，如敔、柷等。

先秦文献中多次提到敔和柷这两种乐器，如《尚书·益稷》载：“合止敔柷”，意思是说乐曲在开始和终止的时候使用敔和柷。据后代传世敔柷实物形制和文献记载的用法可知：

敔，木制，形同木升，用椎击壁发声，以示乐曲的开始；

柷，木制，形如伏虎，用一端破成细条的竹筒逆刮虎背的锯齿发声，以示乐曲的终止。

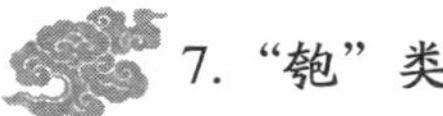

7.“匏”类

这是指用葫芦或木瓢制为吹奏体和共鸣斗体的一类乐器，如笙（葫芦

笙)、竽等。

笙、竽也是商周时期新兴的另一类吹奏乐器，二者早期都用嵌簧的编管插入葫芦（即匏）以葫芦作为送气斗体和共鸣斗体而制成，后因形制略异便有了异名，所以一些历史文献认为竽就是不同形制的笙，如《吕氏春秋 · 仲夏纪》高绣注："竽，笙之大者"。今见此期的笙、竽实物，多为春秋战国时期的墓葬遗物，如战国曾侯乙墓出土的 6 具笙，均残，但可见完整的簧管和插簧管的葫芦（匏）体。商周时代出现的各种匏类乐器，应被视为当今各类笙属乐器的祖先。

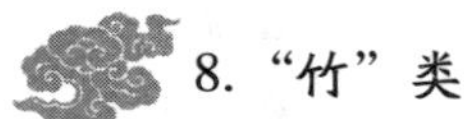

8. "竹"类

"竹"类就是用竹料制为吹管的一类乐器，如篪、箫等。

继远古骨管吹奏乐器之后，用竹管做成各种单管和编管的吹奏乐器，开始在商周时代兴起并得到广泛运用，其中最具代表性的品种是篪和箫。篪是一种竹质管底留节封口的单管横吹乐器，今见最早的篪实物是战国曾侯乙墓篪，此篪除吹孔之外，另设有 5 个按指孔，经研究者对复制品进行吹奏和测音试验，知其性能可平吹亦可超吹，音域可达 3 个八度。箫是另一种竹管编管竖吹乐器，由若干长短不等的单管排列编扎而成，因与后世出现的单管竖吹箫相区别，今又称排箫。迄今所见较为完好的此期箫遗物，是战国曾侯乙墓出土的 13 管箫，此箫每管可发一音，故全箫可奏出 13 个不同的音高。

综上所述，此时期各种乐器因用制作材料质地作为区分标准，按金、石、土、革、丝、木、匏、竹 8 类来予以划分，故得"八音"之名。这一后来被视作"先祖之规"的乐器分类方法，一直绵延使用了两千余年，直到清代末期才被民间兴起的另一种乐器分类法代替。

商周社会各种乐器的演奏，除少部分在"士"阶层和民众阶层中流传而具有自娱性特征之外，其余大部分都与各地部族群体的信仰民俗相关而常用于祭祀场合，有些乐器（如鼓之类）因主要用于祭祀活动而本身就兼具法器功能。《诗经》所涉全部 29 种乐器名目，从演奏情景描写的内容判断，亦大致如此。如《宛丘》篇所唱"坎其击鼓"、"坎其击缶"，反映了陈国巫风盛行，女巫祭祀舞蹈时，激动地敲打鼓和瓦器；《鹿鸣》篇所唱"鼓瑟吹笙吹笙

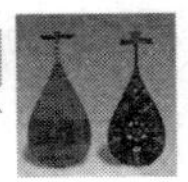

鼓簧，承筐是将”，反映周代每逢春祭大典之期，人们便吹奏笙一类乐器，用猎物、收获敬献天地，祈祷耕猎兴旺；《鼓钟》篇所唱“鼓钟将将，淮水汤汤”，反映人们在祭奠先祖亡灵时，演奏鼓、钟、琴、瑟、笙、磬等乐器，音乐飘载着祈祷着的幽思，宛如永生不灭、悠远不息的江河流水。

知识链接

八 卦

八卦是我国古代的一套有象征意义的符号。八卦最基本的单位是爻，用“－”代表阳爻，用“－－”代表阴爻，自下而上用三个爻排列，一共可以组成八种形式，叫作八卦。

八卦代表八种基本物象：乾为天、坤为地、震为雷、巽为风、艮为山、兑为泽、坎为水、离为火，反映了中国古人对自然界的基本认识。

宋代人将八卦分为先天八卦（也叫伏羲卦）和后天八卦（也叫文王卦），二者排列顺序与所在方位不同。

先天八卦顺序：乾一，兑二，离三，震四，巽五，坎六，艮七，坤八。

后天八卦顺序：坎一，坤二，震三，巽四，五为中宫，乾六，兑七，艮八，离九。

先天八卦方位：乾南，坤北，离东，坎西，兑东南，震东北，巽西南，艮西北。

后天八卦方位：震东，兑西，离南，坎北，乾西北，坤西南，艮东北，巽东南。

八卦两两相配，可得六十四卦，这时下面的叫内卦，上面的叫外卦。在六十四卦中，阳爻记为“九”，阴爻记为“六”。最下面的叫初爻，向上依次为二爻、三爻、四爻、五爻，最上面的叫上爻。

八卦特别是六十四卦产生以后，长期以来一直被我国先民用于占卜活动，并与后世的阴阳五行学说融合在一起。八卦与五行相配合的关系是：乾、兑属金；震、巽属木；坤、艮属土；离属火；坎属水。

除了占卜之外，八卦还深刻影响了古代中国文化的多个层面，如中医、武术、音乐、军事等。

传统气鸣乐器

气鸣类乐器在演奏时，嘴向吹孔吹气，气流冲击在吹孔锋利的边缘上而分开，进入管中的气流就引起管内空气柱振动而发音。气鸣类乐器包括唇振气鸣乐器、嗓振气鸣乐器、边棱气鸣乐器、单簧气鸣乐器、双簧气鸣乐器。例如，牛角、雄林、苏奈依、双管侗笛、波晓呼、巴乌、筚、筚相、筚鲁、寸笛、咚咚亏、笔管、大嘀珑等。

传统弦鸣乐器

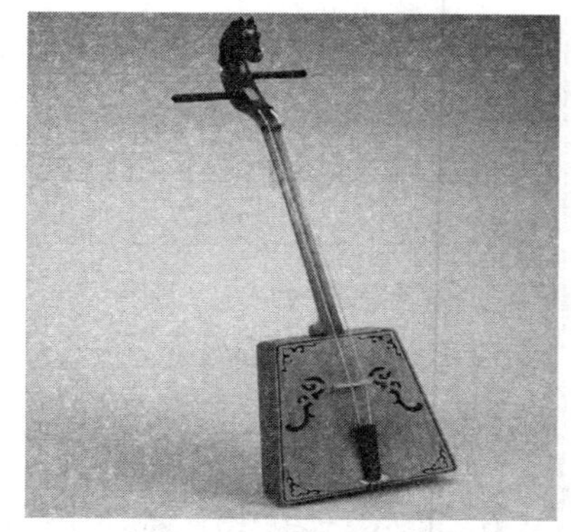
马头琴

弓弦乐器的发音方式是依靠机械力量使张紧的弦线振动发音，故发音音量受到一定限制。弓弦乐器通常用不同的弦演奏不同的音，更多的时候则须运用手指按弦来改变振动的弦长，从而达到改变音高的目的。弓弦乐器包括打击弦鸣乐器、弹拨弦鸣乐器和弓拉弦鸣乐器，例如，扬琴、竹筒琴、雅托

噶、五弦琴、高胡、京胡、板胡、马头琴、琤尼、牙筝、塔吉克艾捷克、胡琴、马头琴、克亚克、呃吱、牛腿琴、库布孜等。

传统体鸣乐器

这类乐器是现代乐器分类法中的一大类乐器，以一定形状的发声物质为声源体，在自由状态“风”中（不予变形或附加张力等）下受激发声，无其他媒介振动体。体鸣乐器主要包括打击乐器类中除鼓外的其他乐器；还包括传统分类法未能列入的一些乐器，如口簧、散扎（非洲）、八音盒、玻璃琴等。

传统膜鸣乐器

凡由紧绷的膜振动发音的乐器都属此类。它是现代乐器分类法中的五大类之一。这类乐器均以张紧的膜为声源体，通过敲击、摩擦或以声波等方式激发使其振动发声。棰击膜鸣乐器：大鼓、排鼓、达布尔、竹鼓等；拍击膜鸣乐器：夏尔巴鼓、八角鼓、铃鼓、光吞等；混合击膜鸣乐器：手鼓（俗称蛇皮鼓）、圆鼓、边鼓、双面鼓等。

第二章

打击乐器

打击乐器是通过敲打乐器本体而发出声音的乐器,因此也叫“敲击乐器”。其中有些是有固定音高的打击乐器,如云锣、编钟等;其他还有一些无固定音高的打击乐器,如拍板、梆子、板鼓、腰鼓、铃鼓等。现代乐器分类方法依据发音体的不同,把传统的打击乐器分为“体鸣乐器”和“膜鸣乐器”两类,并均提升到与气鸣乐器、弦鸣乐器和电鸣乐器相并列为乐器一级分类。所谓的“体鸣乐器”,就是通过敲打乐器本体而发声的,如钟、木鱼、各种锣、钹、铃等。“膜鸣乐器”也叫“革鸣乐器”,就是通过敲打蒙在乐器上的皮革制的膜而发出的乐器,如各种鼓类。

第一节 体鸣乐器

所谓体鸣乐器，均以一定形状的发声物质为声源体，在自由状态下（不予变形或附加张力等）受激发声，无其他媒介振动体。根据演奏和发音方法的不同，体鸣乐器还可以细分为敲击、互击、落击、摇击和综合奏击五个小类。

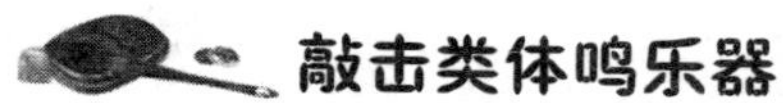

敲击类体鸣乐器

1. 钟与镈

中国古钟的历史极为久远。在《世本》、《礼记》、《吕氏春秋》、《山海经》等传世文献中就有记载，并且指称钟是由垂、鼓、延、伶伦所造。

在考古发现中，所见最早的是原始形态的“陶钟”。陕西长安县客省庄龙山文化遗址（公元前2800—公元前2000年）出土的陶钟，长方形，实心柄（钟柄，称为“甬”，用以执握或悬挂），形似商代的铙。腔体横截面均呈非正圆形，已经具备了后世铜钟的特点。

从商代开始，钟均由青铜制造。青铜钟的铸造主要采用分范合铸法。1960年至1963年，山西侯马村古城东周遗址发现了三千余块陶范，其中有大量钟、镈的内外范，提供了古代分范合铸法的物证。青铜钟的合金成分是锡青铜，并含有少量铅和其他微量元素。根据《周礼·考工记》载：“金有六

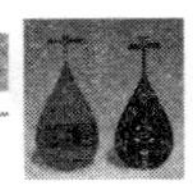

齐，六分其金而锡居其一，谓之钟鼎之齐（即剂，也就是配比标准）”。表明当时铸钟用的铜锡合金比例已规范化。

知识链接

“柯亭笛”的由来

蔡邕精通音律。据说东汉灵帝在位时，因为他几次上书给皇帝，陈述自己对治国的看法，忤逆了皇帝的旨意，并且遭到一帮内宫宦官的诽谤。他担心会遭到迫害，就悄悄地从水路流亡到南方，在吴地避祸。他了解到会稽一带盛产竹子，就想到竹林里挑选些竹子作为制笛材料。路过竹亭时，他看到竹亭子檐上许多竹子中的第六根质地出众，觉得这根竹子一定是制笛良材，察看许久，舍不得离去。最后他找到亭子的主人，要求把这根竹子换下来送给自己。亭子的主人舍不得拆掉新建的亭子，但禁不住蔡邕苦苦相求，最终答应了他。蔡邕把这根竹子制成笛子，试吹后音色果然淳厚优美，也得到了朋友们的赞赏。于是，这根竹笛成了名笛被载入史籍。由于它取材于柯亭的竹檐，后世就把它叫作“柯亭笛”。至今，笛子演奏家都喜欢用浙江的余杭竹为笛材。

出土所见的商周时期的钟，一般短甬，且甬内部中空，与腔体相连；甬壁无穿孔，甬外也没有环、干（甬两侧横置的环状突起物）一类可供悬挂的部件，因此可能是一手握柄一手敲击，或倒置于底座上面敲击的。也有长甬、穿孔或有环、干的，悬于架上敲击。

作为乐器的中国古钟，自商代以来就多是大小多枚组合起来的编钟，成为依照一定音高排列组合而成的旋律乐器。其实古代世界各地都产生过钟，但它们都没有组合成为旋律乐器。这是因为这些截面呈正圆形的钟声音持续时间太长，如果不同的钟连续演奏就会形成长时间的共鸣，相互干扰，根本无法听清旋律。唯独中国的钟，因为钟体像两片瓦一样合在一起，截面呈扁圆形，边角部位的棱在振动中起了阻尼和加速衰减的作用。同时，两振动波相互制约，也加速了高频延音的衰减，从而避免了长时间共鸣声出现。这种巧妙合理的结构设计，使不同音高的钟得以编列成组，成为可以演奏旋律的大型打击乐器。

商代的钟为 3 枚一组或 5 枚一组。西周编钟多为 6 ~ 7 枚一组，到西周中晚期出现了 8 枚一组的编钟。春秋中晚期的编钟则多为 9 枚一组，如河南淅川下寺一号墓（春秋楚墓）出土的一组钮钟。此时期的编钟，每钟均发两音。即敲击同一枚钟的正鼓部和侧鼓部，可发两个不同的音，分别称为“正鼓音”和“侧鼓音”。两音之间一般为大小三度音程。由于侧鼓部也用来演奏，一般就不在这个部位铸鸟纹了。

春秋中晚期编钟的 9 枚编钟组，是在西周 7 枚编钟组的基础上增加了低音徵音和商音。在这两音为正鼓音时，其侧鼓音被调成与之具有大三度关系的变宫、变徵。从而使整组编钟的正鼓音构成完整的五声音阶，全部音列可构成六声或七声音阶。战国时期又出现了 13 枚、14 枚甚至更多的编钟组合。

钟架，古称“簨簴”。其中横梁称“簨”，也写作“笋”或“栒”；用来承托横梁的立柱为“簴”，也写作“虡”或“鐻”。立柱下方有起稳定作用的

曾侯乙编钟

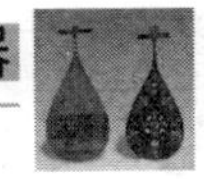

楚王赠送给曾侯乙的“楚王镈”

“跗座”。由于每组（套）编钟悬钟数目不同，架制也有多种。如一梁二柱（河南信阳楚墓编钟，13 枚）；二梁五柱（湖北江陵天星观一号墓编钟，22 枚）；曲尺形二梁三柱（河南固始侯古堆一号墓编镈，8 枚）；曲尺形七梁十四柱（曾侯乙墓编钟，64 枚）等。有些编钟出土时伴有钟钩、穿钉和敲击钟体的钟槌、钟棒出土。甬钟用钟钩或绳子悬系，钮钟用穿钉悬挂。演奏中小型编钟，用 T 形木槌；演奏大型钟，用长圆形木棒。以曾侯乙墓为例，其 T 形钟槌长 62 厘米、木棒长达 215 厘米。

湖北随县曾侯乙墓编钟是迄今发现的最庞大的编钟，代表了我国编钟艺术发展的最高峰。这架编钟也是我国迄今出土单架数量最多、保存最好、音律最全的编钟。曾侯乙编钟共 64 枚。分三层悬挂在曲尺形钟架上。上层悬挂钮钟三组，19 枚；中下两层各悬挂甬钟三组，45 枚。单钟最小者通高 20.4 厘米，重 2.4 公斤；最大者通高 153.4 厘米，重 203.4 公斤。总重量达 2500 公斤以上。钟架的西架长 7.48 米，高 2.65 米；南架长 3.35 米、高 2.73 米。中下层立柱塑成六个青铜佩剑武士。全套编钟气势雄伟、场面壮观。

曾侯乙编钟的发现不仅弥补了文献记载的缺失和不足，而且具有重要的历史价值和科学价值。它生动地反映了春秋战国时期我国青铜铸造工艺和音乐文化所取得的辉煌成就。

特别是曾侯乙编钟所采用的律制，采用的是已经失传的钟律。在曾侯乙编钟发现以前，这种律制仅以残存的形态保存在古琴的调律法之中。曾侯乙编钟将这种律制再一次带回世人面前。这是一种兼用三分损益法和纯律三度生律法的复合律制，其数理逻辑关系极其复杂。它的“基列”以五度关系排列，再以基列的每一单个音为基础，按照大三度关系向上、下方依次生成若干个新的五度关系音列，最终构成“钟律音系网”。

知识链接

音　程

音程就是两个音之间的距离。音程一般采用度数——即该音程所包含的音级数，反映在五线谱上就是线与间的数——来计量，分为一到八度。一度音程的两个音是相通的，在五线谱上紧挨在一起，处在相同的线或相同的间上；八度音程是上下对齐，中间隔开六个音的位置，总是一个在线上而另一个却在间上。

除著名的曾侯乙编钟以外，在我国西南地区，如云南、广西、广东、四川等地战国至西汉时期遗址中，也发现有各种独具地方特色的双角钮形钟和筒形钟，它们是西南少数民族使用的乐器。

秦汉时期，周朝以来的礼乐制度彻底崩溃，先秦钟磬之乐的繁荣局面也结束了，双音编钟的制作随之消失。

还有一种形制接近于钟的乐器，但体形较大，称为镈。不像钟口呈弧状，镈为平口。器身横截面为椭圆形。由于重量较大，镈不能用甬来悬挂，而是采用环状钮鼻悬挂。

据记载，秦汉以后的历代皇帝为恢复《周礼》古制，也曾铸造过雅乐所用的钟、镈。如南北朝时期，南梁武帝演奏雅乐所用钟磬达 26 架，504 四件，均十二律俱备。宋代复古之风尤盛，宋徽宗（1101—1125 年）时，设置掌管

音乐的机构“大晟府”，铸编钟 12 套，300 余件，至今见于著录和流传于世的尚有十余件。

钟在古代中国不是一件单纯的乐器，它同时还是地位和权力的象征。王公贵族在朝聘、祭祀等各种仪典、宴飨与日常燕乐中，广泛使用钟乐。

2. 铙和钲

在中国传统乐器中，“铙”这个名字可以指两种不同的乐器。一种即“铙钹”之铙，是一种互击体鸣乐器，我们会在下面谈到。这里所说的铙是另外一种青铜乐器，流行于商代晚期，周初仍沿用。铙也是铜质，形似钟或铃，但形体稍大，身体短宽，开口朝上，口部呈凹弧形，两侧角尖锐。底部有一中空状短柄，与体腔相通，柄中可置木，因使用时执把，铙口向上，用槌敲击，所以又称为执钟。大的则安放在座上演奏。在殷墟妇好墓曾出土大小五枚一组的编铙，这是至今发现铙组合的最高数字。虽然大小不同、音高有异，但这种编铙自身并不能演奏完整乐曲，只能跟其他乐器配合作节奏性打击乐器。

上海博物馆藏春秋变形兽面纹钲

钲又叫丁宁，形体似铙，但更加高大和厚重。根据罗振玉的说法，铙和钲的区别在于：铙小而短阔，柄短而中空，须安木柄才可以把持；钲则大而狭长，柄为实心而较长，可以直接手持。有的钲柄部有突起的一圈，称为旋，其作用明显是为了在手持时保持稳定；还有的钲重达一二百公斤，显然是要插在底座上才能敲打。从出土情况看，钲主要流行于春秋时代的徐、楚等南方诸国。

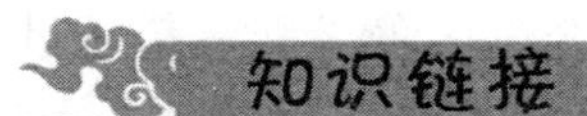

“甲骨四堂”

“甲骨四堂”是指中国近代四位研究甲骨文的著名学者：罗振玉（号雪堂）、王国维（号观堂）、董作宾（字彦堂）和郭沫若（字鼎堂）。因为他们的字号中都有一“堂”字，故合称“四堂”。著名学者陈子展在评价早期的甲骨学家的时候写下“甲骨四堂，郭董罗王”的名句，此后这一概括始为学界广泛接受。著名古文字学家唐兰曾评价他们的甲骨卜辞研究：“自雪堂导夫先路，观堂继以考史，彦堂区其时代，鼎堂发其辞例，固已极一时之盛。”

罗振玉对甲骨学的重大贡献是最早探知了甲骨文的出土地，并考证为“武乙之都”；他将甲骨文中的王名与《史记·殷本记》中商王名相比较，发现其大部分相同；他在考释文字的基础上注意了对整条甲骨文卜辞的通读；在考释文字上，他提出“由许书以上溯古金文，由古金文以上窥卜辞”的方法，对一词的考释，必求其形声义的符合。这些都给后来考释古文字者以启迪。

王国维1917年写的《殷卜辞中所见先公先王考》，纠正了《史记》中记载的个别错误，证明了司马迁的《史记》的确是一部信史。王国维不是就甲骨文字本身去研究，而把古文字学与古代史一起研究，充分利用最新的甲骨材料，去对照历史，创造并完善了“二重证据法”，学术贡献极大。

董作宾1933年发表的《甲骨文断代研究例》，被公认是一部中国甲骨文史上划时代的名著。他对甲骨学最大的贡献，是创立了甲骨断代学。董作宾重视对甲骨的描摹，他的甲骨书法，为世界许多名家所收藏。

郭沫若从事甲骨文研究主要是其在日本十年流亡时期，以及新中国成

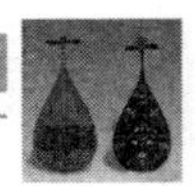

立前后。虽然起步较晚，但是起点高，方法新，因而一出手就高屋建瓴地超过了前人。1929 年他的《甲骨文字研究》正式完成。1932 年又出版了《卜辞通纂》。晚年，他又主编了大型甲骨文汇编《甲骨文合集》，收入 41956 片甲骨，被誉为新中国古籍整理的最大成就，也使甲骨文的研究有了进一步的发展。

铙和钲不仅可以用于祭祀和宴乐，也可以用于军旅。在军队中，钲又叫镯。进军时鸣鼓，也可鸣钲，但不同时鸣响；鸣铙则表示退军，后代所谓“鸣金收兵”中的“金”最早就是指铙。

需要注意的是，“钲”也有另外一个含义，指的是古代传自南方民族的锣形乐器，自唐代以后见于记载。至今在泰国、缅甸、印度尼西亚等国还有这种编钲。这种钲也用于仪仗乐队，悬挂在双龙架上，形如铜锣，以木槌敲击发音。

3. 磬

磬也是古代很重要的一种打击乐器，形状像曲尺，用玉、石制成，悬挂于架上，敲击而使之鸣。甲古文中磬字左半像以绳悬石，右半像手执槌敲击状，既表现了这种乐器的材质、形状，又表现了它的演奏方法。

按照使用场所和演奏方式，古代的磬分为两种：单个使用的特磬和若干个按律吕依次编排、组合使用、挂在木架上演奏的“离磬”（即编磬）。单个特磬，原本也用作表演用的乐器，后仅作为氏族“鸣以聚众”的信号乐器；而编磬和编钟一样，则在历代帝王、上层统治者的殿堂宴享、宗庙祭祀、朝聘礼仪等典礼活动中与编钟等一起用于乐队合奏。随着唐宋以后燕乐的兴起，磬仅用于祭祀仪式的雅乐乐队，最终逐渐成为象征一定身份

河南安阳武官村商代虎纹石磬

地位的“礼器”。

根据考古发掘判断，磬应当起源于某种片状石制劳动工具。在远古母系氏族社会，人们以渔猎为生，劳动之后敲击着石头，装扮成各种野兽的形象跳舞娱乐。这种敲击的石头被称为“石”和“鸣球”，《尚书·益稷》就有“戛击鸣球”，“击石拊石”的说法。这种石头逐渐演变为后来的打击乐器磬。正式的“磬”的名称，最早见于《世本·作篇》，传说为尧、舜时人无句所作。另传说有“黄帝使伶伦造磬”。由此可以推断，至新石器时代晚期，磬已作为正式的乐器使用。其形在后来有多种变化，质地也从原始的石制进一步有了玉制和铜制的，但比较少。

20 世纪 70 年代，在山西夏县东下冯遗址出土了一件大石磬，长 60 厘米，上部有一穿孔，击之声音悦耳。经测定，此磬距今约 4000 年，属于夏代的遗存，这是迄今发现最早的磬的实物。至商代，磬已广泛流传，且制作愈加精美，大多呈上弧下直的不等边三角形，为王室宫廷乐队所用。1950 年春，在河南安阳市武官村商代大墓出土一件虎纹大石磬，用一块白而青的大石琢成，长 84 厘米，高 42 厘米，厚 2. 5 厘米。正面以刚劲而柔和的阳纹线条，雕刻出一只虎形纹饰，瞪目踞伏，作张口欲吞状，形象刚猛壮美。其音色悠扬清越，近于铜声，发略高于升 C1 音。1935 年

安阳市侯家庄西北岗商代大墓出土的3枚刻有铭文的石编磬，可演奏简单的曲调。

西周至战国时期，磬的形状上为倨句形，下为微弧形；汉代以后上下均为倨句形。1970年，在春秋战国时期楚国的国都——湖北江陵纪南故城出土了一套25枚编磬。磬体用青色石灰石制成，表面都有较清晰的彩绘花纹和略显凹凸的花纹。其中4枚绘有凤鸟图，色彩高雅，线条流畅。1978年，湖北随县擂鼓墩曾侯乙墓出土了战国初年的一套具有古代楚文化特色的石编磬，共32枚，全部用石灰石、青石和玉石制成，音色清脆明亮，说明2000多年前的战国时期楚地的编磬制造工艺达到了较高水平。遗憾的是，这套编磬出土时大部已压碎、粉化，完好的只有9枚，原分上下两层，依次悬挂于精美的兽座龙首铜架上。这4组32枚石磬上，都刻有关于乐律的铭文及磬的音名，是研究中国古代音乐及编磬的珍贵资料。1980年湖北省博物馆和武汉物理研究所合作，制成了曾侯乙编磬的复制品。它的发音和原编磬的标音基本相符，低音浑厚洪高，高音明澈，音色优美动听，音域达三个八度，可以旋宫转调，演奏多种乐曲。

清代的编磬，主要用于皇帝与王公大臣庆典的“丹陛大乐”、宫中大型宴会的“中和清乐”和“丹陛清乐”。清乾隆年间制作的编磬，16枚为一套，

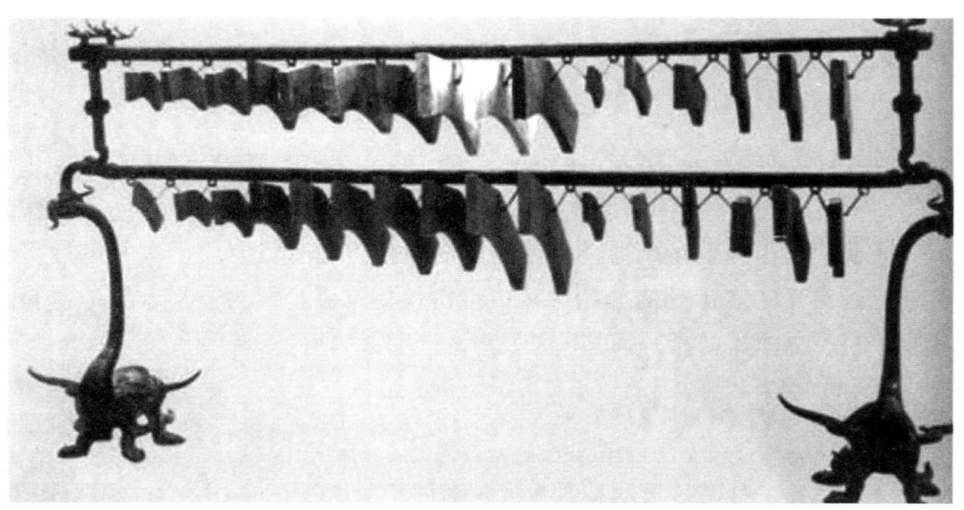

曾侯乙编磬

大小相同，厚度有异，每次演奏时全套都要使用，随乐曲旋律击奏。在清乾隆五十五（1790）年，乾隆皇帝还用黄金制作了一套金编磬，和它一起使用的还有一套金编钟。

根据前人的总结，制磬的石材以灵璧磬石为上品。在今安徽省东北部灵璧县城北35公里渔沟镇以东2公里处，有一座磬石山，又名磬云山。在宋代之前，这个地方属于古徐州。磬石山北临泗水，故曰泗滨，古代山周多沼泽，洪水环绕，磬石山如浮水面，故《尚书·禹贡》篇就有“泗滨浮磬”的说法。

磬石山所产石材是远古地层中的碳酸盐岩，距今已七亿多年，是我国传统的观赏石之一，早在战国时期就已作为贡品了。它漆黑如墨，也有灰黑、浅灰、赭绿等色。石质坚硬素雅，色泽美观，具备“声、形、质、色、纹、意”六美。灵璧石有几十个品种，其中又以磬石最佳。“六美”之中的“声”说的就是灵璧磬石的主要特点。它“声如青铜，余音悠长”。目前故宫、孔庙保留的编磬都是产自灵璧。

相关的乐器还有云磬，又称“引磬”，为铜制，常用于宗教音乐，为寺院所用的法器。这种乐器名为“磬”，但实际上形似酒盅，且形体很小，磬口直径只有7厘米，置于一根长木柄上端，全长约35厘米。木柄旋以条纹为饰。演奏时，左手持木柄下端，右手执细长铜棍敲击，发音清脆，在梵乐中常用以敲击节奏。

4. 柷

柷是我国古代打击乐器，相传是夏启所作，迄今已有四千多年的历史。用于宫廷雅乐，表示乐曲开始。从传世清代柷来看，柷为方形，形似木箱，上宽下窄，以木棒（椎）撞其内壁发声。

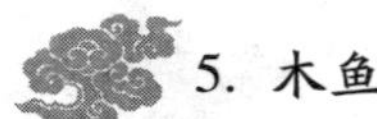

5. 木鱼

木鱼本是一种宗教乐器，原为佛教唱诵“梵吹”时伴奏所用。因不用于宫廷音乐，故历代正史不载。最早见于记载是在唐代高僧怀海禅师所撰《敕

修清规》之中，也有警示僧众昼夜不忘修行之意。

相传木鱼的前身本是一种被称为“木扑”的简单木块，后才刻为鱼形，称作木鱼。木鱼呈团鱼形，腹部中空，头部正中开口，尾部盘绕，其状昂首缩尾，背部（敲击部位）呈斜坡形，两侧三角形，底部椭圆；木制棰，棰头橄榄形。

至于为何要将它制成鱼的形状，在僧众中还流传着这样一个传说：远在汉朝时期，皇帝派慈光大师和两个僧徒去西天取经，历尽千辛万苦，在取经归途中，乘船渡海之时，突然风浪大作，一条恶鱼张着大口朝船扑来，船头上的经书被大鱼一口吞掉，两僧徒跃身入海与大鱼搏斗，了结了大鱼性命并将它拖上船头。刹时，风平浪静，阳光灿烂，大鱼身躯化为污水流入大海，只剩下鱼头摆在船头上。慈光师徒带着大鱼头返回佛寺，为了讨还经卷，每天敲打大鱼头口念“阿弥陀佛……”日复一日，大鱼头被敲得粉碎，后来只好照着大鱼头的模样做了个木头的，继续敲打。就这样，敲木鱼诵经成了佛家的习惯。

在明清时期，木鱼就已经用于宫廷音乐、昆曲以及民间音乐的演奏，后来又逐渐在歌舞伴奏和器乐合奏中应用。在现代民族乐队中，备有音高不同、数量不等的成套木鱼，按五声、七声音阶或十二平均律排列组合，常用于轻快活泼的乐曲中，有时可独奏简短的乐句，或用来模仿马蹄声的音响效果。广东地方曲艺“木鱼歌”还专门用木鱼作为击节乐器。

现在使用的木鱼大小不一，质地和音高均不同。通常大木鱼用桑木或者椿木制作，最大的面径可以达到 40 厘米以上，发出的声音比较低。小木鱼一般用檀木或红木制作，发音较高。

寺庙中使用的木鱼，大致分为两种：一种为圆形，另一种是长条形的。一般来说，圆形木鱼的规格多种多样，正面圆径通常在 7 ~ 16 厘米之间，小的仅 4 厘米，最大的可达 85 厘米以上。而长条形的木鱼大多在 1 米左右。

6. 敔

敔是古代的一种乐器，在先秦的文献中曾经多次提到。根据文献记载及清代传世实物可知，敔为木制，形如伏虎，虎背上有一块锯齿形薄木板，锯

齿朝上，演奏时用一支一端破成细条的竹筒逆刮虎背的锯齿演奏，以竹条刮奏。在中国古代，敔仅用于历代宫廷雅乐，表示乐曲的终结。

知识链接

“焦尾琴”的由来

据《后汉书》记载，吴地乡间百姓不懂木料的性能，把一些能制作乐器的良材拿来当柴烧。有一天，蔡邕看到有人在河边烧火做饭，木材在炉膛里燃烧着。突然，他听见锅下的火中发出木柴清脆的爆裂声，并散发出特有的清香，便断定这是一根优质梧桐木，于是他急忙上前，把这根木头从火中抽出来，要求主人把木头送给他，主人同意了。蔡邕把木头拿回家后，做了一张七弦琴。因为这块桐木质地精良，制成琴后果然音质非常优美，由于琴尾上还带有烧焦的痕迹，因此取名为“焦尾琴”。焦尾琴与齐桓公的“号钟”琴、楚庄王的“绕梁”琴和司马相如的“绿珠”琴齐名，是古代四大名琴之一。从现代物理原理看，烘烤过的桐木，它的木质纤维局部被炭化，于是刚性增强，有利于高频波振动。所以现在的筝、琵琶的面板都要用火烘烤后才能覆贴在乐器的音箱上。

7. 锣

锣是一类打击乐器的总名，用铜制成，结构较简单。锣身为一圆形似盘的弧面，以本身边（称为锣边）框固定。锣的中央部分略凸，称为脐，也叫“光”或“堂”，是发音的主要部分。脐的大小、厚薄与锣的面积比例，决定着音调的高低，也有中央部分平坦无脐或突起成半圆的球状。锣脐与锣边之

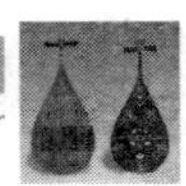

间称为锣面。在锣边一侧钻有两个锣孔，以穿系锣绳，便于提携或悬挂锣架。

锣身大小有多种规格。小型锣在演奏时用左手提锣绳，右手拿槌敲击；大型锣则须悬挂于锣架上演奏。

锣在演奏时用木槌敲击中央部分振动发音，一般没有固定音高。其音响低沉、洪亮而强烈，余音悠长持久。锣声通常用于表现一种紧张的气氛或不祥的预兆，具有十分独特的艺术效果。

锣在我国已有两千多年的历史了。最早使用铜锣的是居住在中国西南地区的少数民族——“百濮”和壮族先民“骆越”部族。云南是中国古代铜鼓的发祥地，在晋宁石寨山古墓出土的铜鼓中，有的鼓面正中受击处呈半球形隆起，和现今的锣十分相像。这已经可以看作是一种原始形制的锣。锣面上有舞蹈图，边沿有一铜环。在广西宁明花山崖壁画中，也保存着许多骆越人集合鸣锣的珍贵形象资料。1978 年，从广西贵县（秦汉时称布山县）罗泊湾一号墓出土了一面西汉初期的百越铜锣。该锣近圆形，锣面横径 32.1 厘米、纵径 33.4 厘米，锣脐直径 22 厘米，锣边铸有拱线纹一道，拱弦上系了三个等距的活环，锣面上刻铭文“布”字。这是中国目前已知年代最早的铜锣实物。

到了公元前 2 世纪左右，随着各民族文化交往的日益加强，铜锣逐渐向内地流传。公元 6 世纪前期传至中原，但见于记载更晚。《旧唐书·音乐志》在“铜拔”条中有：“铜拔，亦谓之铜盘，出西戎及南蛮……大者圆数尺……”这圆之数尺的“铜盘”，是锣见之于文字的最早记载。北宋陈旸在其《乐书》中提及铜锣在中原出现时说：“后魏自宣武（515 年）以后，始好胡音。洎于迁都……打沙锣（一种小锣）。”到了宋代，锣开始用在民间音乐形式“鼓板”当中。元代，不仅一些少数民族迎赛神社常常鸣锣，杂剧也以它为主要伴奏乐器。《兰采和杂剧》中就有“持着些……锣、板和鼓……”之句。在《元史·礼乐志》中开始载有云（即今之云锣），并记述了其形制和演奏方法，它除在宫廷宴乐使用外，也在民间流行，充分说明当时锣的制造和演奏已具有一定的水平。元代以后，戏曲艺术的蓬勃发展为锣的运用开辟了广阔的天地。明、清以来，各种形制的锣广泛用于戏曲音乐、舞蹈音乐和传统的民间鼓吹乐、吹打乐、锣鼓乐中，各民族的民间娱乐、节庆活动、地方戏曲和民间音乐活动中，都少不了锣的身影。锣在昆曲伴奏中也占有重要地位。据清代李斗《扬州画舫录》载，当时戏曲歌舞伴奏中就用到了云锣、小锣、汤锣和大锣等。现在，锣在中国的民族乐队中占有非常重要的地位，而且应用范围也很广泛。不仅在民族乐队、民间器乐合奏、各种戏曲、曲艺以及歌舞伴奏中使用，而且也是庆祝集会、赛龙舟、舞狮子、欢庆丰收和劳动竞赛中不可缺少的乐器。

我国的大锣很早就传到了欧洲。在1791年，法国作曲家戈赛克就开始将大锣用于管弦乐作品中。到现在，中国大锣已经成为西洋管弦乐经常使用的打击乐器了。新中国成立以来，我国中央乐团曾将大锣作为珍贵礼物，赠送给前来我国演出、进行文化交流的苏联、德、朝、波、美等国的一些著名乐团，被国外音乐界传为友谊佳话。

自传入中原地区以后，铜锣就逐渐取代了铜铙，在战争中用以表示退兵的信号。因此，后来“鸣金收兵”的“金”就改为锣。锣也用于礼仪，古代官员出行时，差役们要在前面敲着锣，故又有“鸣锣开道”之说。开道锣的声音特别宏厚，且回音更长。鸣锣开道很有讲究：县官出行时鸣7下，意思是“军民大家等人都要闪开”；府官出行时，鸣9下，意思是“官史军民人等齐闪开”；提督官员出行时鸣锣11下，意思是“文武官员军民人等闪开”；若是都统以上的官员出行时则要鸣锣13下，意思是“大小文武官员军民等闪开”。

现代乐队中使用的大锣

长期以来，经过不同地方、各个民族不断的创造，在中国形成了品种繁多、各具异彩的锣。仅据不完全统计就有30余种，应用于不同地区、不同场合。据形制特征可分为平型锣、脐型锣和乳型锣三类；按发音高低可分为低音锣、中音锣和高音锣三类；按演奏形式又可分为单面锣和组合锣两类。在这些锣中，小的直径仅有几厘米，大的直径达1.5米

以上。不仅它们的造型不同，而且音色和效果也各有特点。目前较常用的锣，可简单地分为大锣、小锣、掌锣和云锣四类，其中最常用的是大锣和小锣两种。

大锣是铜锣类乐器当中体积最大的一种，直径在30厘米到100厘米不等，锣边钻孔系绳，左手提起或挂于架上，右手执棰击奏。它的特点是发音宽宏，低沉而雄浑，音色柔和，余音比较长。在我国民间器乐合奏及戏曲、舞蹈伴奏中经常用到大锣。在大型乐队中，大锣往往起到渲染气氛和增强节奏的作用，而在戏剧中则用以增强气氛和突出人物性格等。

此外，在欧美和东南亚一些国家，不论轮船下水、军舰起航，还是斗牛赛马、拳击赛象，也常常要鸣大锣助兴。在一些国家大锣还用于宗教仪式或歌舞伴奏。比如在东南亚一些少数民族地区，人们认为大锣带有某种神秘色彩，作为驱除魔鬼或祈天唤雨的圣灵，有时还是传递消息的工具。

小锣发音较高，北方一带叫手锣，武汉地区称班锣或回音班锣。锣面呈坡形，直径在21至22.5厘米之间，按锣脐大小分大、中、小三种，有高音、中音和低音之分，锣中心部稍凸起，边无孔，不系锣绳，演奏时以左手食指关节处提锣内缘，右手执一薄木片（称为“锣板”）击奏。它的音色明亮清脆，小锣用途很广，尤其被中国的戏剧京剧、评剧、梆子戏、花鼓戏等地方戏曲以及曲艺、话剧、吹打乐队和民间舞蹈广泛采用。其中京剧所用的小锣形体较小，称京小锣，又称镗锣，在剧中随着表演动作的节奏敲击，多用于武将或袍带人物的上下场，或战争及配合突变的情感等，起着衬托和加强效果的作用。打法有重击、轻击、闷音、掩音、揣锣、打边等。在锣鼓曲演奏中，也敲击花点，起着丰富合奏的效果。过去北京街头卖豌豆糕或其他肩担贸易的小贩和耍木偶、耍猴的民间艺人，常用小锣特有音调代替叫卖，作为招揽生意的“唤头”。

掌锣是锣中最小的一种，只有手掌大小，直径10厘米左右，锣面平坦无脐，形如盘状，置于左手掌中，右手执锣板击奏。掌锣又分月锣、汤锣和马锣等多种，在民间非常流行，广泛用于地方戏曲、民间音乐和锣鼓队中。

云锣，民间称九音锣，是锣中可演奏旋律的乐器，一般由十面左右小锣组成，用绳系于木架上，左手执架柄，右手用锣槌击奏。我们的祖先很早就将音高不同的小铜锣编排起来，用于音乐演奏。600 多年前的元代，云锣不仅在民间流传，并且在宫廷的宴乐中使用，当时称为“云”。《元史·宴乐之器》中说“云制以铜，为小锣十三，同一木架，下有长柄，左手持，而右手以小槌击之”，简述了云锣的形制和奏法。历代云锣数量不一，从元代史籍和壁画来看，就有 10 音、13 音和 14 音云锣，清代前期曾发展到 24 音云锣。云锣常用于民间音乐、地方戏曲和寺庙音乐中。经过不断改革，云锣扩大了音域，提高了音质、美化了音色，成为具有丰富表现力的独奏乐器，为民族管弦乐队所采用。20 世纪 60 年代以后，又出现了 29 音、36 音和 38 音云锣等新品种。

除了汉族传统的锣以外，南方少数民族中还流行一种铓锣，又称冬锣。因其脐突起呈乳状（半球形），而又有乳锣、奶锣、包包锣之称。这种锣体圆面平，形与一般锣同，但面不平坦，边缘部分也有一圈突起，边比其他锣稍宽，最为重要的特征是脐中有乳头凸起。铓槌为一木制短棒，接一较大圆形木块为槌头，外缠布条或胶布而成。

云锣

演奏时，左手提铓绳，右手执槌敲击铓面中心乳脐最高处。20 世纪 50 年代，在云南省蒙自县的壮族和彝族民间，还曾发现过凹乳式异型铓锣，即中心的乳脐向内凹陷，敲击方向也随之改变。铓锣也常由四面或五面编为一组，挂在架上敲击演奏。

铓锣大小不一，规格较多，以圆度准确、厚度和弧度均匀、表面光洁、音色明亮者为佳。常见的铓一般可分为大、中、小三种。大铓面径 40 厘米、边宽 6 厘米、乳脐直径 7 厘米、乳高 5 厘米；中铓面径 30 厘米、边宽 5 厘米、乳脐直径 6.5 厘米、乳高 4 厘米；小铓面径 20 厘米、边宽 3.5 厘米、乳径 6 厘米、乳高 3 厘米。铓面边缘突起高度 0.5 ~1 厘米，铓边一侧钻孔系绳。此外，

最小的铓，面径仅 9 厘米、边宽 1 厘米，音高可达 A2；最大的铓，面径 72 厘米、边宽 14 厘米，音低可到 F 或 G。

铓锣圆润低沉，音色别致。大铓发音浑厚含蓄，犹如远处钟声；中铓发音柔和明亮；小铓发音清脆响亮，宛如铜铃作响。

铓锣广泛流行于云南、广西、四川、湖南、湖北、贵州等省区，在佤、阿昌、哈尼、德昂、布朗、拉祜、傈僳、独龙、基诺、怒、彝、纳西、回、布依、土家、壮、苗、毛南等族和克木人中都很流行，而且叫法不一。景颇族称崩，佤族称罗碰、格龙孟，德昂族称孟、巩蒙，独龙族称笼、冬等等。除我国以外，东南亚各国如菲律宾，甚至印度尼西亚诸岛也有铓锣。

知识链接

孔雀与铓

在傣族人民中间，还流传着一个美丽的传说。相传在很早以前，在云南金平的勐拉坝子，住着一户穷苦的傣族人家，年轻的女主人名叫南娥，勤劳、聪慧。一天傍晚，突然飞来一只美丽的孔雀，翅膀上悬着一面金色的圆盆，它在贫瘠的土地上轻敲了一下圆盆，随即发出“铓—汞”的音响，只见青草丛生、万物复苏、百鸟欢唱。南娥断定圆盆准是宝贝，第二天她跪请孔雀留下圆盆为民造福。孔雀答应了南娥的要求，对她说：“这圆盆叫铓，来自孔雀国，只要敲它一下，要什么有什么。”孔雀敲响铓，跳起舞，顷刻间，沙漠变绿洲，岸边起竹楼，楼下拴牛马，荒山长出了槟榔。随后，孔雀把铓赠给南娥，便展翅远飞了。从此，勐拉坝变得美丽富饶起来，傣家纷纷迁来在此安居乐业。直到今天，每逢年节喜庆之日，傣家人就情不自禁地把铓敲响，跳起欢乐的孔雀舞，感谢孔雀和铓给傣家带来了幸福和欢乐。

互击类体鸣乐器

1. 钹

钹，古称铜钹、铜盘，是一种源于西亚地区的打击乐器。用响铜制成，两面为一副，呈圆板形，直径为 30～50 厘米。中央隆起的半球形部分称碗或帽，碗根至钹边部分叫堂。碗顶钻孔，穿系皮绳、绸或布条，叫“钹巾”。演奏时一般取站姿，以双手通过钹巾持握钹身，相击后振动发音。有平击、侧击、闷击、轻击、重击、磨击、扑击等多种手法。另外也可以单片悬挂在支架上，用槌敲击钹沿，或为滚奏，或发单击音，另有特殊的音响效果，多用于民族乐队和说唱伴奏。

这种乐器最早出现在古埃及和古代叙利亚，以后在古代波斯、古罗马等地都有流传。向东最先传入印度，后至中亚。大约在公元 350 年，随中亚的《天竺乐》一起传入我国。至 6 世纪初期，铜钹在北魏民间已很流行，并在各种梵乐中使用。在隋代九部乐中，钹主要用于天竺、西凉、龟兹、安国和康国五部乐中，这些都与其来源地相符。到了唐代，用途扩大，十部乐中已有七部需用钹，尤其在燕乐中，还有正铜钹与铜钹之分。在敦煌千佛洞的隋唐壁画和成都五代前蜀皇帝王建墓的乐舞石刻中，已绘有敲击铜钹的人像。明、清之际，钹发展成为昆曲等地方戏剧中重要的伴奏乐器。

钹

钹无固定音高。其音响洪亮、浑厚而又强烈，穿透力很强，善于烘托气氛，是各种管弦乐队和地方吹打、锣鼓乐队中必不可少的色彩性打击乐器，在吹打乐等地方乐种中用于强奏时，极富气势，通常表

现一种激情；用于弱奏时，其作用类似大鼓，属于节拍乐器。

根据钹的大小及重量等不同，钹分为双光钹、水钹、京钹、小钹等几种，其中小钹和京钹发音较高，多用于京剧等地方戏曲中的武戏或伴奏吹打曲牌，常与奉锣和仿苏锣配合使用；双光钹和水钹发音较低，多用于文戏，与虎音锣或中堂锣配合使用，其中双光钹是粤剧的主要伴奏乐器。在民族管弦乐或器乐合奏中，双光钹和小钹也已成为重要的节奏乐器。此外，钹还广泛用于各种民间歌舞和文娱、宣传活动中。流行于福建福州、闽侯、永泰、连江、闽清等地的曲种“福州评话”，一般用单钹伴奏。演唱者右手执钹，拇指上套一瓷环，可碰击钹的边缘作响，同时左手持一小棍另外敲击，为说唱伴奏。四川地方的曲种“荷叶”，也用单钹伴奏。相传这种曲艺形式形成于清乾隆、嘉庆年间，就是因为演员击节所用之钹形似荷叶而得名的。

除汉族广为使用外，钹在藏、壮、彝、侗、傣、景颇、佤、白等少数民族中也颇为流行，在佛教中还作为一种法器使用。

互击体鸣乐器里面的铙，是一种与钹形状近似、演奏方法基本相同的乐器。二者的不同点在于，铙中间隆起的碗平而小，其径仅约相当于全径的五分之一；而钹的碗顶圆而大，碗和堂的径长约略相等。且铙面较大而薄，多为弧形，根部凹进，边部稍作翘起；钹面厚而平。各地常用的铙面直径大小不一，有大铙和中铙之分。常见的在 27 ~55 厘米之间，最大者可达 68 厘米，碗径 7 厘米以上，重 1 ~2. 5 公斤。

钹的发音较浑厚，余音较短。与钹相比，铙的音色清亮，带有深沉的水音，延续音长。

2. 铙

铙最早见于记载是在宋代。据宋陈旸《乐书》中的记载可知，铙最初用于佛教音乐。据《宋史·仪卫志》和《辽史·乐志》载，北宋和辽时，铙已在宫廷仪仗中用于鼓吹乐。明、清两代，铙已用于地方戏曲伴奏，清人李斗《扬州画舫录》载，昆曲伴奏曾用大铙。可见，铙普遍应用于鼓吹乐、吹打乐、锣鼓乐和佛教、道教音乐中。清梁章钜《归田琐记·请铸大钱》：“又如大小钲铙，与鼓相配而鸣者，为岁首戏乐之具。从前惟富户乃有之，近则中

铙

小户亦多有之。”

目前，铙流行于全国各地，尤以两广、海南、闽浙一带最为盛行。在苏南吹打等民间器乐合奏，昆曲、粤剧、河北梆子等地方戏曲和舞狮、舞龙等民间歌舞伴奏中都可以看到这种乐器。同时，铙也在蒙古、藏、纳西、壮、土家、黎等少数民族中使用。藏戏、壮剧以及一些少数民族歌舞、器乐合奏中都离不开铙。铙与钹在民间常配合使用。

鉴别铙的优劣，以铙面光洁、弧度适度、圆度准确、边缘厚度一致为佳，中间的帽形大小和两面的音高也要相同。

3. 镲

镲是由钹派生而来的一种乐器，又称水镲、小水镲、镲锅。镲的历史也很长，在宋人所绘的《番王按乐图》中就有用镲为胡人舞蹈伴奏的形象。其质地、钵形、外观与钹十分相像，只是形体较小，面径一般在 12 ~ 20 厘米，民间常说“小钹为镲”就是这个意思。直径 11 厘米以下的小镲还被引入西洋乐队中。镲面较平，且厚度比钹稍薄、较铙略厚，中部碗小顶圆。通常碗径为面径的 2/5、碗高1. 5 ~ 2. 5厘米。

镲发音更加清脆明亮，也常用于佛教、道教音乐和文娱、宣传活动中。另外在藏戏、京剧、豫剧、晋剧等戏曲、少数民族民间乐队、河北吹歌、十番锣鼓、福建南音、潮州锣鼓等器乐合奏和舞蹈伴奏中，也是重要的节奏乐器。在乐队中，它多与锣、铓、鼓相结合，为旋律敲击板、眼。除汉族以外，蒙古、藏、侗、傣等各民族也常用。

4. 檀板

檀板简称板，因常用檀木制作而有檀板之名。这是由西北少数民族地区传入中原的打击乐器。从隋代开始应用于乐舞、仪礼和佛教音乐中，唐代在宫廷的燕乐和北方民间流行的散乐中使用，为歌唱伴奏打击节拍。敦煌莫高窟初唐壁画和吉林省渤海墓葬群（698—926 年）壁画中，都有乐伎演奏檀板的图像。成都前蜀王建墓的乐舞石刻中亦有击檀板的形象。相传唐玄宗时的梨园乐工黄幡绰善奏此板，故又得名“绰板”。

宋代檀板已用于宫廷的教坊大乐、小乐器合奏、马后乐、民间器乐和说唱音乐及词乐中，而且已经成为起止和控制节奏的指挥乐器。到了元代，檀板既是宫廷乐器，也是由扁鼓、笛和板组成的民间器乐鼓笛曲中的主要乐器，同时还是曲艺唱赚和杂剧的伴奏乐器。明、清的中和韶乐、清乐和番部合奏等宫廷音乐都使用檀板。在近代的满族民间歌舞中，檀板还是主要的伴奏乐器和道具。

除了名贵的紫檀之外，檀板一般也用红木、桑木、花梨或荔木制作，还有用铁片制成的。每块檀板的上端均钻有两个小孔，用细皮条或丝绳串联，下端可自由开合。由于时代和使用目的不同，板的数量也不一致。通常由五六块板组成，最多者九板，最少者三四板。唐代绰板多为六片；现福建南音的板有五片；而潮州音乐则为三片；满族的檀板多为两板或三（两大一小）板。

演奏檀板时，演奏者左右手分握外侧两板或左手握三板、右手握两板，将檀板置于胸前，互相撞击发音。

檀板无固定音高，音响清脆、短促，穿透力较强。

到了现代，檀板仍流行于全国各地，从辽宁、吉林、黑龙江、内蒙古，到山西、陕西、河北、河南、云南、福建、台湾等省区都有。周边少数民族如满、蒙古、纳西、畲等族也经常使用，其中满族称为“察拉齐”。

常见的互击体鸣乐器还有棒棒、铜镜、竹梆、竹杠、钹、布哉、钗、司涅、碰盅、碰铃、腰铃、阔朔克、板凳、它石、骨板子等等。

知识链接

用乐器来火葬的皇帝

在我国历史上，有一个皇帝死后是用乐器为他火葬的，他就是五代后唐的庄宗——李存勖。他在位的第三年（926 年），驻扎在贝州的将领皇甫晖（今河北漳河县）的部队发动了兵变。他们推大将赵在礼为元帅，反戈向后唐发动进攻，队伍接连攻下了几个州郡县城。

这时，李克用的养子李嗣源也乘机与庄宗争夺帝位。庄宗得知后，万分恼火，便从洛阳出兵向开封进发。当人马行至万胜（今河南中牟县境）时，探马前来报告说，李嗣源已攻入开封。庄宗无奈，只能带兵回到洛阳。此时，军队的士气低落，队伍溃散了大半。

由于庄宗平时沉溺于乐舞，宠信伶官（乐官）、乐工，还让伶官参与朝政，甚至让他们掌握兵权，文武百官对此极为不满。按理说，在国难当头的非常时期，庄宗对歌舞升平的生活应该有所收敛，谁知他回到洛阳后，竟然不顾国土危亡，仍然在宫中沉溺于乐舞。终于，禁卫军头领伶官郭从谦乘李嗣源兵反叛之机，带着御林军和部分士兵攻入了皇宫，并用箭射死了庄宗。

一个名叫善友的伶人十分同情庄宗，便将宫中的乐器收集起来堆在一起，用这些乐器焚化了庄宗的尸体。

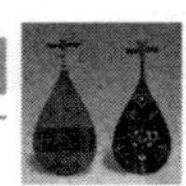

落击体鸣乐器

汉族传统上没有这种乐器。目前我国较常见的落击体鸣乐器均为少数民族使用，有高山族的乐杵和竹捣筒、哈尼竹筒、瑶族竹筒和藏族的阿嘎等。这种乐器有这样一些共同特点：一是它们原本多为生产工具，在共同的劳动过程中逐步演变为乐器；二是一般采用柱杵或筒的形状；三是在演奏时双手持握，敲击地面发声；四是没有固定音高，仅用来形成节奏。由此可见，落击体鸣乐器实际上代表了人类乐器产生时期的原始状态。

摇击体鸣乐器

1. 铃与铎

作为乐器，铃的形体似钟而小，腔内有铜舌，摇动时舌撞击铃壁发声。铃的出现非常早。新石器时代的遗址中即有陶铃出土。我们此前提到过的钟、铙（敲击体鸣乐器铙）、钲等古代乐器大体都可以视为铃的变形。

铃在后世的发展、演化非常复杂，除作为伴奏乐器外，比较有代表意义的是各种宗教中的法器，铸造规范而精美。

用于宗教祭祀活动的有下面一些种类的铃：

用于祭祀的执铃。《周礼·春官·巾车》："大祭祀，鸣铃以应鸡人。"说明在商周时期铃已经在祭祀活动中使用，但目前很少见。山西石楼出土过一支，长柄深腔，腔狭而圆，腔外及柄上套铸多个金舌。

道士作法事用的法铃。又名三清铃、法钟、帝钟、铃书。一般高约 20 厘米，口径约 9 厘米，用黄铜制造，柄、铃内有舌。柄的上端称作剑，山字形，以象征三清之意。道教认为铃具有降神除魔的作用，法师常以单手持，有节奏地不停摇动。

藏传佛教用的金刚铃。通体用铜铸成，大小规格不一，常见者高约 20 厘米。铃身外形似钟，下口圆，顶部及铃身用繁复花纹装饰。柄端有佛头、观音或五股金刚杵形。铃身内悬有铜制铃舌。铃柄铜制或银制，装饰繁缛，多铸有佛像。西藏、青海、甘肃、内蒙古、四川、云南等地区的藏传佛教寺院中，喇嘛法事诵经及佛乐中经常用到金刚铃。此外也遍及东南亚各国喇嘛教分布地区。日本至今还保存不少我国唐代以来的金刚铃遗物。在藏传佛教中，铃的意思是惊觉诸尊，警悟有情。藏传佛教认为，金刚杵代表阳性，金刚铃代表阴性，二者一起使用有阴阳和合的意思。

山西襄汾陶寺龙山文化遗址出土的陶铃

北方少数民族满、达斡尔、蒙古等族信仰的原始宗教——萨满教所用的晃铃，又称萨满铃，或直称铜铃、响铃，满语称“轰勿”。它是旧时萨满祭祀仪式和表演仪式中必备的三件乐器（萨满鼓、腰铃、萨满铃）之一，只有萨满巫师才可使用，流行于辽宁、吉林、黑龙江三省和内蒙古自治区东部各地。铃体铜制，呈椭圆形或圆球形，直径2～5厘米，表面粗糙。下部开有一字形或哑铃形出音孔，孔长2～3厘米，中段宽0.2厘米，两端宽0.4～0.5厘米。铃内装一枚铁制圆形小珠或几粒沙石。铃上端设有圆环，用细皮条或细线绳将三五枚小铃系成一束。演奏时，奏者可执一束或双手各执一束上下、前后、左右摇奏，也可以将一束铃悬系于一根1米左右的圆木棍上端，奏者右手持木棍下端举起摇奏，也可碰击肩头或地面，用于民间隆重集会、器乐合奏或萨满歌舞伴奏。达斡尔族和蒙古族表演萨满歌舞时，将铜铃分别缀于萨满服上，舞者边跳边唱，铜铃也随之有节奏地哗哗作响。有时铜铃与缀在萨满服上的铜镜相碰，音色格外脆亮，有多种节奏和花点。今日已用于伴奏民间歌舞。表演萨满舞时，它还和琵琶、三弦、抬鼓等乐器组合在一起为舞蹈伴奏，既是舞蹈的伴奏乐器，又是舞蹈的道具。

知识链接

萨 满

“萨满”一词源自通古斯诸语的 saman 与北美印第安诸语的 shamman。这个词在这些民族语言中本来含有“智者”、“晓彻”、“探究”等意思，后逐渐演变为萨满教巫师即跳神之人的专称，也被理解为这些民族中神的代理人和化身。

萨满往往被视为神与人之间的中介者，他们能够以个人的躯体作为人与鬼神之间实现信息沟通的媒介。作为这种媒介的方式主要有两种，一是神灵为主体，通过萨满的舞蹈、击鼓、歌唱来完成精神世界对神灵的邀请或引诱，使神灵以所谓“附体”的方式附着在萨满体内，并通过萨满的躯体完成与凡人的交流；二是以萨满为主体，同样通过舞蹈、击鼓、歌唱来作到“灵魂出壳”，以此在精神世界里上天入地，使萨满的灵魂能够脱离现实世界去同神灵交往。上述神秘仪式即被称为“跳神”或“跳萨满”。在完成上述神秘仪式的过程中所有的萨满都会表现出昏迷、失语、神志恍惚、极度兴奋等生理状态，当这类生理状态出现时则被称为“下神”、“抬神”或“通神”。萨满就是通过这样的方式将人的祈求、愿望转达给神，也可以将神的意志传达给人。萨满的职业追求也是以各种精神方式掌握超级生命形态的秘密和能力，获取这些秘密和神灵力量是萨满的一种生命实践内容。

现代世界各地的萨满信仰正逐渐消失，我国境内也已很少了，在有些边远少数民族地区仍有保留。但在各民族当中对萨满的称呼却各不相同。

称“萨满”的主要有鄂伦春、鄂温克、锡伯、满洲、赫哲这五支操通古斯语的民族。

蒙古语诸民族中，蒙古族称“博额”或“亦”，达斡尔族称“耶德根”，土族则称“法剌”。

突厥语民族裕固族称“也克哲”或“喀目”，哈萨克族称“巴克塞”。

藏缅语民族羌族称“矢公”，纳西族与傈僳族均称“东巴”，彝族称“苏尼”，独龙族称“纳木萨”或“多木萨”，拉祜族则称“莫巴”。

苗瑶语民族瑶族称“搂曼”或“那曼”，苗族则称“枯巫”。

高棉语民族佤族称“斡朗”。

在纳西族，还有用于洞经音乐的摇铃，与金纲铃大致相同。演奏时，左手执摇铃，右手敲击云锣。

以上提到的这些铃，到了今天仍然或多或少与音乐活动有关。而汉族的铃实际上很早就已经不再用作乐器了。

在汉族地区的考古发掘中，铃多与马具、兵器伴随出土，可见从很早的时代起，铃就被悬挂在车马之上。传世文献也有相应的记载。如《诗·周颂》中有“龙膝扬扬，和铃央央”的诗句，形容军旅的气势壮观。

春秋战国时期的青铜铎

古代的车铃，又称鸾，置于轭顶上，其状为一镂空的圆球，内含一小石，周边有环，下有一柄连铸一扁方銎，此扁方銎即套于轭上。

牲口脖子上挂的铜铃，通称为“牛铃”、“马铃”、“骡铃”、“驴铃”。喂养人给牲口挂项铃用意有二：第一，夜间牲口吃

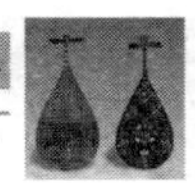

草时，项铃叮当作响，主人可安心睡觉，若闻铃声停止，主人就赶快起来添草料。第二，在野外放牧时，特别是山区，牲口满山遍野地吃草，跑得很远，有项铃叮当作响，便于寻找。这铜铃，群众给它起了个雅号曰“报君知”。

后来最常见的则为大型建筑物上的风铃。如佛塔每层的各个角上通常挂有塔铃。

铎实际上是古代较大的铃，铜制，形如铙、钲而有舌，柄短而呈方形。铎在古代通常用于宣布政教法令，也作为乐器。盛行于中国春秋至汉代。按照舌的质地分为两种：铜舌者为“金铎”，木舌者为“木铎”。

2. 连厢棍

连厢棍是一种近代广大城乡民间常见的歌舞表演道具和节奏乐器，是用细木棍或细竹竿制作的摇击乐器。棍的长度在 80～100 厘米，在距棍两端 5～10厘米处各开 1～4 个长 10 厘米、宽 1.5 厘米的孔，穿入铁钉作轴，再分别嵌入四五个小铜钱或小铜钹。摇动棍时，铜钱或小铜钹就撞击棍体哗哗作响。棍的表面可以涂各种颜色，棍两端也可系扎彩色绸布细条作为装饰。

演奏时，单、手执棍均可。可以敲击身体的肩、腰、背、臂、肘、两手、两膝、两足等部位，也可以两棍相击。节奏变化复杂，舞姿丰富多彩。常由一人、数人或数十人手执花棍边打边舞。

在汉族地区，北方称这种舞蹈形式为打连厢，南方称打花钱、九子鞭，湖南等地称霸王鞭。满族、蒙古族在耍单鼓（烧香）、跳萨满时也常使用。云南彝族和黔南苗族的青少年，多在传统节日里表演，还分别用铜鼓和木鼓等民族乐器为其伴奏。此外，在我国白、苗、土家等少数民族中也很流行。维吾尔、哈萨克等族的萨巴依也与之类似，只是基本材料用羚羊角或檀木制作。

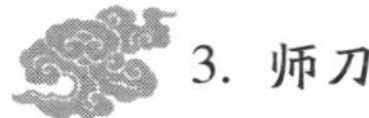

3. 师刀

又称铃刀或响刀，在普通刀剪柄上装进若干小铁环而成，各地各民族的做法大体相同，但不完全一致。

演奏时可执单刀或双刀，手握刀柄上下、左右晃动，使小铁环碰击刀背

或相互碰撞哗哗作响，音色清脆响亮，是民间歌舞伴奏用的节奏乐器。

满族萨满活动中用为作法、驱邪的法器，满语称哈马刀，东北汉族称萨满刀。师刀在南方壮、苗、瑶、侗、土家等的祭祀舞蹈——师公舞中也很常用，并因此而得名。

我国常见的摇击体鸣乐器还有藏族的热巴铃；藏族、瑶族的串铃；土家族的八宝铜铃；羌族、纳西族的盘铃；苗族、壮族的铜铃等等。

第二节 膜鸣乐器

膜鸣乐器中，最主要的类别就是鼓。鼓是一种世界各地普遍存在的打击乐器，不论是哪一民族的鼓，其基本的构造都比较简单，一般是由鼓皮和鼓身两部分组成，在鼓身一般为圆桶形且较坚固，鼓皮通常是动物的皮革，将其拉紧蒙在鼓身的一面或双面，是鼓的发音体，用手拍打或鼓槌敲击使之振动发声。

按照《礼记·明堂位》的记载，我国很早就有了鼓。在传说中的“伊耆氏”时代就已有“土鼓”，即陶土做成的鼓是用陶土烧制成鼓框，再蒙上动物的皮革做成的。出土文物山西襄汾陶寺遗址早期大墓出土的土鼓也证明，早在距今 4500 年前，我国就有了陶鼓的制造。这种以瓦为框制造陶鼓的传统在我国沿袭了很久，直到唐代还有以陶瓷作为鼓材的。

由于鼓有良好的共鸣作用，声音激越雄壮而传声很远，所以在远古时期，被华夏祖先尊奉为通天的神器，主要是作为祭祀的器具，也广泛地应用于狩猎和征战活动中为军队助威。相传黄帝征服蚩尤的涿鹿之战中，“黄帝杀蚩

尤，以其皮为鼓，声闻五百”（《太平御览》卷五八二引《帝王世纪》）。相传上古时代的战鼓，皆由鳄鱼皮制成，而鼓皮选用鳄鱼皮，是取鳄鱼的凶猛习性以壮鼓之声威。

1980 年山西襄汾陶寺出土的土鼓

到了周代，鼓开始作为乐器。据《周礼·地官·司徒》记载，周朝已专门设置了“鼓人”来管理鼓制、击鼓等事。鼓人所管理的有各种用途的鼓，如祭祀天神雷鼓、祭祀地祇鼖灵鼓、祭祀祖宗鼖晋鼓。其中，专门用于军事的叫“鼖（音）鼓”，据《说文》的解释，这是一种长八尺，鼓面四尺，两面蒙革的大鼓。此外，路鼓、晋鼓等也用于军旅，这些鼓以后发展为各种规格的战鼓，在军事上得到普遍地运用。在古代，鼓还用来驱除猛兽，并且是报时、报警的工具。中国传统的鼓多源于中原地区，至秦汉前就已有 20 余种。虽大小高矮不同，但鼓身几乎都是粗腰筒状。

随着社会的发展，鼓的应用范围更加广泛，民族乐队、各种戏剧、曲艺、歌舞、赛船舞狮、喜庆集会、劳动竞赛等都离不开鼓类乐器。

历史上，中国鼓传至邻国如朝鲜、日本，同时也吸收了许多外来鼓。中原地区以中国传统鼓为主流，原有的各种传统鼓几乎都得以保留并有所发展。虽然外来鼓也曾在中原流行过并一度占据重要地位，但后期日渐衰落以至失传，仅在文献中留下了一些不详的记载，例如檐鼓、齐鼓、鸡娄鼓、羯鼓、答腊鼓、都昙鼓、毛员鼓等。边疆少数民族的鼓既受传统鼓影响，也受外来鼓特别是阿拉伯与印度鼓的影响。

中国鼓类乐器的品种非常多，如果按照现代乐器分类，可以根据演奏方法的不同把各种类型的鼓分为三种：棰击、拍击和混合击。

 棰击鼓

 1. 大鼓

大鼓也称扁鼓或大堂鼓，是鼓类乐器中形体较大者。鼓身多使用椿木、色木、桦木和杨木等制作，因鼓面较大，通常在鼓身上下蒙以两块面积相同的水牛皮作为鼓皮。平常置于木架上，由 1 人或数人各执用两根较粗的鼓槌演奏。

大鼓主要用于器乐合奏、舞蹈和戏曲伴奏，也是锣鼓队中的主要乐器。乐队用的大鼓膜直径约 50～100 厘米，节日庆典用的大鼓膜直径可达 100 厘米以上。

大鼓鼓面较大，中心的发音低沉而深厚，越向边缘声音则越高而坚实。

中国大鼓

由于从中心到边缘各圈的音色不同，演奏时可利用这些变化来丰富它的表现力。大鼓的演奏方法有单击、双击、顿击、闷击、压击、摇击和滚奏等。大鼓演奏时的力度变化可以很大，音量也就能从很弱到很强，对情绪和气氛的渲染能起很大的作用。音响能与乐队融合，可加强乐队的低音。它还可以独奏或作为效果乐器使用，模仿雷声、炮声。

在古代，大鼓还多用于报时、祭祀、仪仗或军事。作为报时的大鼓又称“戒晨鼓”，常放置在城池的鼓楼之上。北京鼓楼上的大鼓制于清代，是专门作为公共报时用的。鼓面直径达 1.5 米，曾有“鼓王”之称。每到夜间报更时分，钟鼓楼上钟鼓齐鸣，低沉的鼓声传播全城。直到 1915 年钟表普遍使用后，它才成为供人们观赏的文物。在北京天坛，也藏有一面清代制造的大鼓，面径 1.5 米，高约 2 米，是过去皇帝祭天时才使用的。

战鼓可以看作是大鼓的变种，外形与大鼓相似，仅鼓身较低矮，故又称“扁鼓”。发音比堂鼓低，但很响亮。过去曾用于宗教音乐。北京的雍和宫藏有一面直径 1 米左右、鼓身仅高 20 厘米的扁鼓。如今主要用于民间器乐合奏、舞蹈、灯会、杂技团和锣鼓队。

在我国各地少数民族中，也有与汉族大鼓相近似的乐器，较重要的有：

藏族的额阿，呈圆筒形，两端蒙以牦牛皮为面，横置于特制的鼓架上，放于寺院的大经堂内。在重要的诵经活动、宗教节日举行羌姆表演以及乐队合奏中常用。

彝族的额格子嫫，呈圆筒状，鼓身用一整段椿木或核桃木掏空制成，两端蒙以羊皮。演奏时置于架上，用双棰击奏，棰头一端包以绒布。也可前面一人背鼓，后面一人边走边击。

基诺族的塞吐，呈圆筒形，用一段红毛树原木掏空制成，鼓框两端蒙以未经处理的带毛黄牛皮。从鼓的两端看，鼓面像一轮红日，木棒犹如太阳放射出的光芒，具有浓厚的原始艺术美感。故此，人们又称它为基诺太阳鼓。鼓身两侧设有方形音孔，一为出音，二为拴绳。有的鼓身还绘有红、白、黑三色图案。演奏时将其横置于特制的梯形鼓架上，一人在后敲击固定节奏，两人在前轮流击鼓对舞或一人在前边击边舞。

景颇族增疆，又称大长鼓，鼓身为一段长约 3 米的巨木挖空，双面膜以

皮条拉紧，置于两根横木上或悬于木架。演奏时或两人坐在鼓上各击一头，或边击边舞。

土家族大鼓，也称堂鼓，呈圆筒形，鼓框用杉木板拼合而成，两端蒙牛皮，置于鼓架上用短木棰敲击。

苗族的略斗，汉族又称之为苗族皮鼓，鼓身用整段原木掏空制成，两端蒙以牛皮。演奏时将鼓横置于木制鼓架上，由一人或一端一人双手执棰，边击边舞。

瑶族大鼓，呈圆柱形，鼓身用整段樟木掏空制成，上口单面蒙以未经处理带毛的牛皮，下口敞开，是瑶族铜鼓乐队的指挥和领奏乐器。演奏时置于乐队中央，用双棰敲击，声音洪大。奏法有跨腿击、弯腰击、反击擂、交叉棰等，并交替击奏鼓心、鼓边或鼓框等。奏者边击边舞，奏法千变万化，舞姿优美动人。

壮族的种劳，又音译为“奘络”，呈圆墩形，上口单面蒙以牛皮或蟒皮，鼓底敞口并向内收束，直接置于地上双棰击奏。

傣族的光拢，近于圆柱形而中腰稍粗，置于架上。可 1 人边击边舞，也可 2 人合击，1 人在前执槌边击边舞，另 1 人在后用长篾条击奏，发出咚咚啪啪的音响。

侗族的工，呈圆筒状，鼓身用整段“梅香雪”原木挖空制成，两端收束，中腰稍粗，两端蒙牛皮。用绳横吊于侗寨鼓楼中，仅在盛大节日、传达上级公文和聚众议事时方可击奏。

水族大鼓，呈圆筒形，鼓身用整段椿木、樟木或桑木挖空制成，中间略粗，两端蒙牛皮，置于鼓架上，以短木棰敲击。

德昂族的抬鼓，又称水鼓，德昂语称格楞当，为大鼓之意。用当地生长的梧桐树、芒果树或椿树的大树干掏空制成，外形与水缸相似，两端一头大、一小头，两面都蒙以牛皮、麂皮或其他兽皮。鼓的内部掏成中间可以互通的两个鼓腔，故能产生良好的音响共鸣效果，有着较长的余音。鼓身中部一侧还开有一个直径 3 ~ 5 厘米的圆孔。在有的地区，平时将鼓泡在水里，使用前再把鼓捞起，将鼓腔中的水由圆孔倒出；另外一些地方，鼓不泡在水里，平时置于小乘佛教寺院，而是在使用前，要从圆孔灌入一定数量的水或酒润湿

鼓身，以获得较好的音响效果，故此而有水鼓之称。演奏时，体积较小的由年轻力壮的小伙子一人背鼓，两人边击边舞；体积较大的则由两人用长竹竿抬鼓在前，一人随后双手各执一根木制鼓槌敲击粗端鼓面，边击边舞，众人也随乐起舞。“抬鼓”便是因此而得名。

知识链接

悬羊击鼓

悬羊击鼓可谓宋代人的一大发明。宋代开禧年间，金兵屡屡侵犯中原地区。宋朝大将毕再遇率兵抵抗金军，屡战屡胜。金兵不甘心失败，调来数万精锐骑兵，要与毕再遇决一死战。而此时宋军只有几千人马，如果盲目迎敌，必败无疑。为避金兵锐气，毕再遇下令暂时撤退。此时金军已兵临城下，若知宋军撤退，金军肯定会趁机追杀。如何蒙蔽金兵，做到安全转移军队呢？当天深夜，毕再遇命令士兵擂响战鼓，金军一听，以为宋军要趁夜劫营，急忙集合部队，准备迎战。谁知只听鼓声隆隆，未见兵马出城。宋军连续不断地击鼓，搅得金兵彻夜不寐。金军头领以为宋军用的是疲兵之计，未予理睬。就这样，鼓声连续响了两天两夜。到了第三天，金兵听到宋营鼓声越来越弱，以为宋军已经疲惫，便小心翼翼地靠近宋营，见宋营毫无动静，金军首领下令冲进宋营，一看是座空营，才发现上当。原来这隆隆鼓声是毕再遇用的金蝉脱壳之计。他命令兵士把数十头羊的后腿捆住吊在树上，羊被倒悬着难受，就用前脚拼命挣扎蹬踢。每头羊下面放一面鼓，羊脚不断地蹬踢，鼓声就隆隆不断，鼓声越来越弱是因为羊没有力气蹬踢了。待金军进入宋军营时，宋军已全部撤离。

2. 堂鼓、同鼓与花盆鼓

堂鼓也是民间流传的中型鼓类乐器，清代又称杖鼓，外形与大鼓相同但较小，按照鼓径的大小，一般有7、8、10寸三种规格。堂鼓的演奏方法有单打、双打、滚击、闷击等。敲击鼓心、鼓边、鼓框，由鼓心逐渐向鼓边去奏，或由鼓边逐渐向鼓心敲击，均可取得不同的音色变化。用于器乐合奏，戏曲、舞蹈的伴奏及独奏。

同鼓是堂鼓的一种，广泛流行于苏南一带。鼓身多用椿木、色木、桦木或杨木制作，鼓面直径约50厘米。鼓身中部装有3个鼓环，穿系鼓带，演奏时悬空挂于木制三脚架上，以红木或其他硬质木料制作的双棰敲击。在锣鼓队行进时还可系带悬挂在身上边走边敲。击鼓技巧尤为繁复，用轻重击、轻重滚、连滚带击或多种奏法的交互组合使用，可以演奏出风格迥异的鼓段（或称“鼓牌子”）。在器乐合奏“十番鼓”、“十番锣鼓”中，同鼓与板鼓由一人兼奏。

花盆鼓也是由堂鼓演变而来的，又称“南堂鼓”，因鼓面大、鼓底小、状如花盆而得名。由于形状似缸，还有“缸鼓”之名。相传南宋梁红玉曾擂缸鼓助阵。现在花盆鼓已广泛用于京剧等各种地方戏剧和歌舞伴奏、器乐合奏及独奏。花盆鼓两面蒙皮，鼓身上大下小，下皮比上皮小一倍，鼓身周围绘有民族风格的金色云龙图案，形象维肖，栩栩如生，并附用特制的鼓架。鼓身多用椿、杨或柳木制作，经车旋而成。鼓皮用水牛皮或旱牛皮，但上面鼓皮以用牛的脊背皮为好。演奏花盆鼓时，以双木棰敲击上面鼓皮而发音，音色低沉、雄厚，比堂鼓柔

花盆鼓

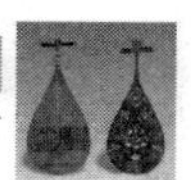

和，并可奏出不同的音调。新中国建立后，乐器科研人员又借鉴西洋定音鼓的结构特点，研制出定音花盆鼓。

彝族的火者和布依族的光也是类似于堂鼓的打击乐器。这种鼓的规格不一，大的直径40～45厘米、高20厘米，小的直径15～20厘米、高10厘米，鼓框两侧置鼓环、系鼓绳。鼓槌木或藤制，大者长25厘米、小者长20厘米，槌头包布。演奏时，左手提鼓绳，将鼓置于胸前，或将鼓绳系于腰间，鼓面垂直或平置，右手执槌击奏，发音较沉闷，用于民间喜庆婚丧等场合。

高山族大鼓外形也很像汉族堂鼓，直径24～45厘米，用于祭祀、节庆、婚礼、播种和农田驱虫等。

新中国成立以后，我国乐器工人和音乐工作者总结国内外鼓类乐器技术经验，以民间常用的中型堂鼓和腰鼓为原型，制成了一种新型的组合乐器——排鼓。

排鼓一般由5个大小不同、发音高低有别的鼓组成一套。每个鼓的两面外径相同而内径不一，所以同一只鼓的两面发出的音高低不同，共可发出10个音。鼓的两面都装有调音设备，调音的幅度一般可达四度或五度，并可根据实际需要进行定音。鼓身固定在一个特制的鼓架上，鼓架上端为U型的叉架，中间为套管制成的立柱，下端为三角架。立柱可上下伸缩，以使鼓身随着演奏者的需要升降，鼓身装在叉架上，便于翻转进行音高选择。演奏时，排鼓多摆成一字形、八字形、半圆形或弧形。鼓面可倾斜15～45度，可供立击、坐击、侧击或斜击，可以进行拍击、轮击和交叉击等。

排鼓发音激烈、跳荡，中、低音宽厚雄伟，高音坚实有力，既保持了堂鼓的风格，又具有圆润、抒情的特点。由于排鼓具有不同音高、音色及轻重的变化，所以最适于大型民族乐队使用及鼓乐独奏，是一种色彩性的乐器。除可集群使用外，还可根据不同的需要，选择其音色和性能，单独抽出来用于地方戏曲和器乐合奏。它善于表现热烈欢腾的情绪，有丰富多彩的音响效果。由于其造型美观，音色丰富多变，又具有浓郁的民族风格，已成为民族乐队中的重要乐器，广泛用于器乐合奏、地方戏曲和歌舞伴奏。

3. 建鼓

建鼓古称足鼓、晋鼓、楹鼓、植鼓、悬鼓。其鼓身长而圆，用一根木柱贯穿鼓身，作为支柱，支柱的下端安放在座上。鼓体较大，中间稍粗，两端略细，两面蒙皮。演奏时用两棰击鼓一面，音量洪大，传播甚远。

建鼓的历史极为悠久，是我国出现最早的鼓种之一，3000 年前的商代至西周之际已有此鼓，至战国时代已广泛应用。1978 年，湖北随县擂鼓墩曾侯乙墓出土了一面建鼓，这是目前所知我国年代最早的建鼓实物，距今已有 2400 年历史。该鼓鼓身为木制，鼓身长约 100 厘米，两面蒙皮，鼓面直径 80 厘米，支柱直径 7 厘米，并牢固植于一个青铜盘龙鼓座上。鼓座高 50 厘米、直径 80 厘米，由数十条青铜雕龙相互纠结盘绕而成，其中有十六条大龙对称缠绕，在每条大龙的头、身、尾部均攀附数条小龙，龙身上嵌绿松石，制作技艺无比精美。这面建鼓根据实物复原，植于原青铜鼓座中，现藏于湖北省博物馆。

国家图书馆藏拓片——汉代画像砖上击建鼓形象

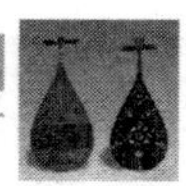

明清两代宫廷一直使用建鼓。在明代中和韶乐和清皇朝祭司乐中，建鼓均为开典领奏乐器。清代宫廷中使用的建鼓工艺极为精湛，鼓面直径 73.7 厘米，通体饰以金漆，鼓面绘以彩色双龙和彩色云纹图案，鼓座已衍变为十字形木制脚架，四脚之上均雕有兽饰，木柱的上端盖以皇冠木架，架的四角垂以长长丝穗，木柱顶端立有一支金色飞禽为饰。

除了实物以外，传世的绘画等作品中也多有建鼓的形象。战国时期铜器上镂刻的花纹图案和山东沂南汉代画像石中均有敲击建鼓的图像。敦煌石窟唐代 156 窟壁画中还有演奏建鼓图像，但与通常的奏法完全不同，是一人背鼓在前面走，随后一人双手执鼓棰边走边奏，曾用于出行仪仗队和天宫伎乐中。这种演奏方法在甘肃省河西广大地区的民间社火活动中还在沿用。

除了汉族以外，蒙古族和满族也使用这种鼓。现在内蒙古、辽宁、吉林以及青海等省区的喇嘛寺院内都有这种乐器。

4. 小鼓

小鼓形似大鼓，但体积小得多。制作材料也与大鼓基本相同，只是鼓皮一般为羊皮。此外不敲的一面绷有多条响弦，鼓棰使用两条硬木棰，棰头较小，且不用包裹。

小鼓无固定音高，但发音频率高于大鼓，音色较结实、清晰、明快，余音较短。由于鼓面较小，音色的变化不如大鼓丰富。演奏方式分为单奏、双奏和滚奏三种，其中滚奏法最具小鼓特色，又称轮鼓，是以双棰轻弹鼓面，借助鼓面的弹力带动鼓棰，极迅速地交替敲击，短时间内发出连续且颗粒清晰的震动声音。由于用到了响弦，小鼓在滚奏时会伴有沙沙的声音，别具特色。如果力道控制得当，还可以轻易作出渐弱及渐强的效果。各种不同效果（如轻重、缓急的区别）可以表达出不同的音乐情绪。小鼓常用于合奏或伴奏，与其他敲击乐器同时或交替击奏。

各民族的小鼓，因流行地域和使用场合的不同，在形制上也有区别，它们多用于民族传统节日、婚丧喜庆场合、民间器乐合奏和戏曲伴奏。

彝族的小鼓，又称团鼓。鼓身用一整段松木或核桃木挖空制成，两端蒙

小鼓

以羊皮。演奏时，奏者坐奏，将鼓置于两腿间，双手执棰击奏，是民间吹打乐队中的节奏乐器。

瑶族的如咚，用整段樟木挖空制成，为扁圆形，两端蒙以牛皮或山羊皮，皮面四周边缘先缝在略大于鼓框的圆形铁圈上，再分别盖于两端鼓口，用绳索将两铁圈拴系勒紧，皮膜的张力可以调节。演奏时，奏者左手提携鼓环，右手执棰敲击鼓面，发音较沉闷，可击出不同的节奏。

壮族的小鼓，鼓身用杉木或杂木板拼合而成，两面蒙以牛皮。演奏时，将鼓置于鼓架或木凳上，双手各执一木制鼓棰击奏，发音短促，音色清脆，常用于八音乐队合奏或为壮剧伴奏，也用于民族节日庆祝或民间婚丧喜庆等场合中。

侗族的小鼓，用杉木板拼合制作鼓身，两面蒙以牛皮。演奏时左手提携皮带或绳圈，右手执棰敲击，是侗族民间乐队中主要的节奏乐器。它常和唢呐、小锣和钹等乐器一起合奏，用于六月六踩歌堂和民间婚丧喜庆等活动。

土家族的小鼓，又称棋子鼓。鼓身用一整段梧桐木或松木挖空制成，单

面或双面蒙以牛皮或羊皮，规格不一。演奏时，奏者将鼓带挂于颈项，使鼓面平置腹前，两手各执一棰击奏。为使行进中演奏方便，还在鼓框外侧围以较长竹片，并将竹片两端夹于奏者腰部两侧，使鼓身稳定不动。

朝鲜族圆鼓，形似汉族小鼓，演奏时席地而坐，左手击拍，右手执槌敲击鼓面与鼓边。

朝鲜族还有一种小鼓名叫草高，扁如书鼓，径长约 25 厘米，有柄。既是乐器，又是舞蹈道具。表演时左手执柄，右手执棒击奏，边敲边舞。

5. 腰鼓

腰鼓的鼓身形似圆筒，中间稍粗，两端略细，蒙以牛皮或骡子皮，鼓身一侧置两个铁环，环上系有长长的布带或绸带，便于舞者挂于腰侧，两手各执一木槌边击边舞。目前常见的腰鼓有大小 4 种规格。

相传汉族的腰鼓是由南北朝时期羯族的羯鼓演变而来，公元四世纪就已经开始流行，并逐渐传至各地。唐代腰鼓根据在演奏中的作用不同，分为“正鼓”或“和鼓”。明代以来，“凤阳花鼓”、“花鼓灯”和淮北“花鼓戏”中多用到腰鼓，并逐渐演变为现在的形式。

安塞腰鼓

腰鼓无固定音高，发音清脆、清亮，既可用作伴舞乐器，也可作为舞蹈道具，表现欢快热闹的情景，常由用于民间秧歌或节庆、迎宾仪式中。

6. 书鼓

书鼓的鼓身扁圆，两面蒙皮，鼓径 22 厘米左右，鼓身高 8.5 厘米，发音较堂鼓低，但很响亮，是北方各类说唱音乐的重要伴奏乐器。演奏时置于高 90 厘米左右的竹制鼓架的编绳上，演员左手执书板或梨花片，右手执单签击奏，边奏边唱。

7. 鼗鼓

鼗鼓古称“鼗”，俗称“两耳鼓”、“播浪鼓”、“摇鼓儿”、“梢子”。为小鼓下端设一手柄，鼓的两侧有绳槌，绳端系木丸，摇动手柄，两耳槌甩击鼓面发音。

相传大禹曾经规定，凡申冤弹劾者可以击鼗。周代宫廷已将鼗用于礼乐中，位置设在编钟两侧，由宫廷乐师之一的小师来掌教鼗鼓的演奏规范。汉代以前就有多种形制。后世宫廷祭祀音乐中，鼗常被用于音乐的开始与终结时。明清时期，鼗被作为应和乐器。

鼗还是祭祀天地、享鬼神以及各种宗教法事的重要乐器。在宫廷仪礼、燕飨中，常奏鼗作为歌唱的终止节奏。天子赐乐给伯爵、子爵、男爵等贵族时，也命专人击鼗为征。鼗用于军事，是节制鼓声的信号，调整军阵或壮军威。鼗鼓在民间也广为流传，是小贩伴叫卖的响器之一。现在，鼗鼓在民间多作为哄逗幼儿的玩具——拨浪鼓。

鼗也有很多具体的分类。依鼓体大小，形体大者称“麻”或“鞞”，形体小者称“料”；依鼓体数量，有单鼓体的“单鼗”、双鼓体的“双鼗”或多鼓体串集于一柄的“雷鼗”（四个鼓体，八个鼓面）、“灵鼗”（三个鼓体，六个鼓面）、“路鼗”（两个鼓体，四个鼓面），民间还有五个鼓体串在一起的“连鼗鼓”等。依绳槌的数量，有单根绳槌和左右两边绳槌两种。依鼓体彩绘纹饰的不同，有“花腔梢子鼓”、“日月金鞚梢子鼓”等。

此外，鼗还可以和其他乐器组合使用。比如在明清时期，就有鼗与小钲串在一起的，俗称“惊闺”。

鼗的流传很广，传入藏族以后称为“达玛如”，此外古代西域、日本、朝鲜、越南等国都有。

知识链接

别出心裁的乐器

我国台湾省高雄县的美浓民俗村里有一位年逾花甲的张山田老人，2003 年农历羊年春节，他在民俗村的一个角落，展出了他自制的乐器多达四十种；在场的观众看到用一次性泡沫塑料餐具制成的乐器在老人手中发出悠扬的音乐时，无不称奇。他用经他处理过的神奇的乐器不断演奏着一首首台湾民歌，为游客们欢度新春佳节增添了快乐。

张山田年轻时曾在天后宫演奏南北管，平时喜欢利用废物制作些小挂饰、小玩具等。由于对音乐的酷爱，渐渐地，凭借一双巧手，他能把各种废弃的器具做成乐器。大到锅、碗、瓢、盆和锯子，小到树叶和纸，他都能用它们演奏出美妙动听的音乐。在他自制的乐器中，音色最好的是一个用旧炒菜锅制成的月琴。这个特别的月琴与传统月琴相比貌不惊人，但弹奏起来，音色亮丽，令人耳目一新。他用一个废弃的茶壶制成的二胡，虽然造型怪异，但经张山田一拉奏，比起普通的二胡别具风味。一枚废弃的针筒，在张山田手里，犹如杭州西湖边叫卖的拉笛，可奏出高低不同的曲调；一只米酒瓶，经张山田一吹便发出宛如海螺般的声音；一节自来水管，可吹出轮船的汽笛声；就连吃过蛤蜊肉后丢弃的蛤蜊壳，他也能把它制成一件乐器，发出如同小喇叭的声音……老人还有一把锯琴，不用说也是由

他自己制作的，右手用马尾弓拉奏锯琴的边缘，左手压弯锯片，并凭借着手腕的颤动，就能发出悠悠琴声。

张山田自幼热爱音乐，每逢节庆或庙会，他总会走进后台观看琴师的表演，越看越有兴趣，便自己摆弄起乐器，后来竟无师自通，学会了演奏胡琴、琵琶等乐器。张山田在高雄县旗山镇的菜市场经营过一家五金店，后来他在美浓附近的山上买地筑屋，享受山中独特的闲情逸趣。他与大自然的虫鸣鸟叫为伴，还有一大群顽皮的猕猴陪着他，不过他最感兴趣的还是自制乐器，闲暇时自弹自唱，把自己融入大自然为乐趣。

8. 板鼓

板鼓因为演奏者常兼职拍板而得名，又名环鼓；并因一面蒙皮又有“单皮”之称；此外，又因为过去戏班专用而获得了“班鼓”的别名。

板鼓是形体矮小的单面鼓，鼓身用色木、桦木、槐木、桑木、榉木或柚木等硬质木料制作，由 5 块较厚的木板拼合而成。鼓边高 9.5 厘米，鼓面直径 25 厘米，绝大部分是木质板面，中间振动发音的鼓面仅有 5～10 厘米，鼓皮用牛皮，张紧于整个板面直到底边为止。蒙皮的鼓膛部分呈八字形，又叫“鼓光”，是敲击发音部位。板鼓发音的高低，取决于鼓膛的大小和蒙皮的松紧。为保持鼓皮的张力，所钉鼓钉较多，并在底部箍以铁圈。

板鼓演奏时，将鼓吊于木架上，使用两根藤或竹制的鼓签敲击，不仅鼓心、鼓边发音高低有别，而且因使用了点签（用鼓签点击鼓面）或满签（用鼓签平击鼓面），发出的音响也不同。

板鼓构造独特，音色清脆。随着明、清戏曲艺术的发展，便世代相衍，

流传至今，广泛用于昆曲、京剧、评剧、越剧、汉剧、豫剧、河北梆子、山东梆子、陕西梆子、山东柳子等地方戏曲伴奏和器乐合奏，也可以独奏（如苏南吹打中的快板鼓）。

板鼓

板鼓是我国戏曲乐队中的指挥乐器，早在唐代就已用于“清乐”中，称为“节鼓”。这个名字正反映了它从那时起已经担负了乐队指挥的任务。在京剧音乐中，凡人物出场、角色演唱、剧情变化，除用各种打击姿势及各种击音进行指挥外，还与拍板一起为唱腔打节奏，给锣鼓演奏增加花点，以及烘托舞台气氛和人物形象。

因适用的剧种不同，板鼓演化出不同的规格，可以分别称为大膛鼓（全称为大膛板鼓，以下两种相同）、中膛鼓和小膛鼓。

小膛鼓中间鼓膛的直径仅有 5 厘米，发音高亢脆亮，主要用于京剧和其他地方戏曲伴奏以及器乐合奏，适用范围较广。大膛鼓中间的鼓膛直径 10 厘米，发音宽亮淳厚，适于南方的十番鼓使用，可独奏出快鼓段。中膛鼓中间的鼓膛直径 8 厘米，发音介于大、小膛板鼓之间，多用于越剧、陕北和山西的地方戏曲伴奏，并在器乐合奏中使用。

板鼓在纳西、侗、土家、蒙古、汉等民族中流传，用于纳西族侗经音乐、土家族丝弦锣鼓、侗族吹打乐队及汉族的吹打乐和戏曲伴奏。

9. 点鼓

点鼓又称“怀鼓”。16 世纪初就已流行于苏南地区。鼓身用较厚的色木等硬质木材制作，中间微高，边缘渐低，呈扁圆形。鼓腔直径约 18 厘米，两面蒙以牛皮，用密排鼓钉绷紧。鼓槌用红木或竹制成，称为签子。演奏时，

奏者将鼓身的一侧直立在右膝上，鼓的一面朝前，右手腕部压住鼓的上方边缘，使之固定，同时用右手的拇指、食指、中指和无名指执签敲击。左手持板击节。用于“十番鼓”器乐合奏或昆曲清唱伴奏，一般是每拍敲一下，起掌握节奏作用。

10. 佤族竹鼓

佤族竹鼓用青竹制作，长100厘米，上口蒙皮，下端竹筒劈扎成束腰状，下部三足鼎立。立于地上用双槌敲击；或左手抱鼓，鼓面朝前，右手执槌击奏。用于歌舞。

（1）太平鼓，在铁圈上蒙驴皮、马皮或羊皮制成，下置一柄，形如团扇。缀以铁环或小钹，用藤条敲击鼓面，并震动铁环作响。用于满、蒙古、汉民族的民间歌舞。

（2）萨满鼓，又称抓鼓、手鼓、单环鼓。流行于满、蒙古、达斡尔、鄂温克、鄂伦春、赫哲等民族。圆盘形鼓面，蒙驴、马、牛、羊皮或鹿皮、狍皮，背面交错扎有皮带或铁条，上系10余枚铜钱。用时左手执皮带或铁条，右手执鼓槌，用槌头或槌身敲击。用于萨满教祭祀仪式。

（3）纳格拉，是维吾尔、乌孜别克等民族铁鼓。鼓身上大下小，上蒙羊皮或驴皮，大者鼓面直径27.5厘米，小者面直径20厘米。常两个一对置于地上演奏，两手执槌敲击。需要指出的是，纳格拉有固定音高，两鼓音高一般相差四度。

拍击鼓

中国古代乐器中，属于这一类的鼓是渔鼓和八角鼓。此外，一些少数民族也有类似的乐器。

1. 渔鼓

渔鼓又称“竹琴”或“道筒”，南宋时已有这种乐器。现代使用的渔鼓，

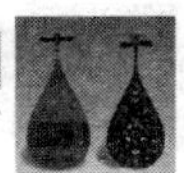

是在长65~100厘米、直径13厘米左右的竹筒上，一端蒙以猪皮或羊皮而成，演奏时用左手竖抱，右手拍击鼓膜，是“道情”、“渔鼓”和“竹琴”等民间曲艺形式的主要伴奏乐器。

渔鼓

新中国成立以后，成都民族竹管乐器业余研制组在渔鼓的基础上研制成功了一种琴鼓，由16根长短不同的毛竹筒（或塑料筒）构成，每根竹筒上蒙以牛皮或羊皮，通过竹制固皮圈紧固在竹筒的上口。竹筒分两排置于木质琴架上，形成一种能够演奏旋律的打击乐器。演奏时，奏者双手各执一支竹制琴签击奏，发出由D到f1这16个音，音色柔润、清晰而明亮，既可用于器乐合奏或伴奏，也可用来单独演奏乐曲。

2. 八角鼓

八角鼓属于箍圈形的鼓，因鼓框为八角形而得名，明代已在北京流行。八角鼓的鼓体扁小，7个边框上各装一对小铜铃，另一边框系长穗，单面蒙蟒皮。用时以左手执鼓框，右手以指弹、挫或以指、掌拍击。用于京、津一带的单弦牌子曲。

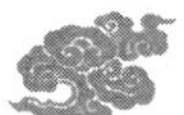

3. 瑶族长鼓

瑶族长鼓的鼓身细长，腰细中实，双面膜，斜挂于腰侧或左手握鼓腰击奏。体积大的长鼓置于架上。用于传统节日和喜庆场合的歌舞。

4. 手鼓达卜

维吾尔、塔吉克、乌孜别克等民族的手鼓达卜，也属于箍圈形的鼓。圆

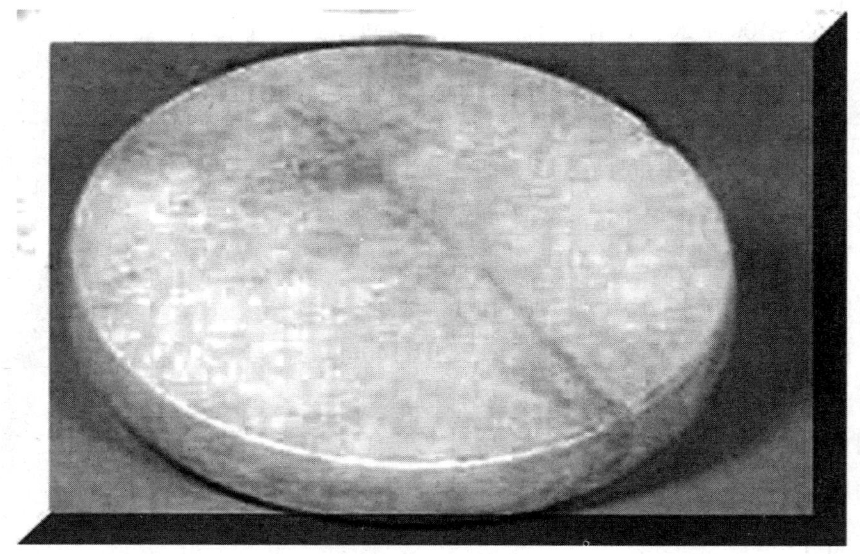

达卜

形木框上蒙羊皮或驴皮，框内缀若干小铁环。演奏时两手把鼓框，重心置于左手，击鼓面并摇动鼓身。

5. 象脚鼓

流行于傣、佤、布朗、景颇、德昂、阿昌、拉祜、哈尼等民族中的象脚鼓，傣语称光吞，属于座墩形鼓。形如高脚杯，上口蒙膜，悬于身侧。演奏时左手扶鼓边，并和右手交替拍去鼓面，在这些民族的节日、喜庆场合边击边舞。

混合击鼓

1. 两杖鼓

流行于福州地区。鼓身木制，全长约 70 厘米左右，中部细小，两端粗大

而中空，形制与朝鲜族长鼓相似。鼓身两面蒙牛皮或蟒皮，鼓面直径 30 厘米左右，鼓皮装于金属圆环上，由绳索穿系绷紧，用木棰敲击或用手拍击发音。狼杖源于古代细腰鼓类乐器，现在是“福州十番”的主要乐器之一，也用于闽剧伴奏。

2. 朝鲜族长鼓

又称杖鼓。木制鼓身，两端粗空，中段细实。两端鼓身大小不一，发音不同。置于架上或挂于身前，右手执细长杖敲击，左手并指分击鼓的两面。用于长鼓舞、农乐舞和器乐合奏。

3. 蜂鼓

流行于广西壮、瑶、毛南等民族中，在邕宁、武鸣等地壮族也称岳鼓，环江毛南族叫长鼓，防城瑶族叫如叨，有些地方又称横鼓、瓦鼓、腰鼓等。鼓腔以黄泥煅烧而成，两头大，一端呈球形，一端为喇叭形。中间细如蜂腰，两面蒙皮。演奏时鼓绳挂头颈横悬身前，或置于架、凳上，左手执杖击球形一端鼓面，右手拍击另一端，立奏、坐奏或边奏边舞。主要用于师公戏、师公舞的伴奏。

知识链接

五花八门的鼓

除了以上介绍的各种鼓，我国各民族使用的鼓还有很多种。属于棰击的有：苗族和瑶族猴鼓；壮族的猪嘴鼓和姜鼓；壮族和仡佬族的八音鼓；羌族的日木；藏族的达玛；藏族和门巴族的那额；哈萨克族的达布尔以及

藏传佛教使用的神鼓等等。属于拍击的有：藏族夏尔巴人的夏尔巴鼓；维吾尔族、乌孜别克族、塔吉克族和朝鲜族的铃鼓；瑶族的黄泥鼓（又称汪都）以及傣族的光亚等等。属于混合击的有：朝鲜族和满族的手鼓（俗称蛇皮鼓）和圆鼓；壮族的边鼓；傣族的双面鼓以及壮族、瑶族和毛南族的蜂鼓等等。

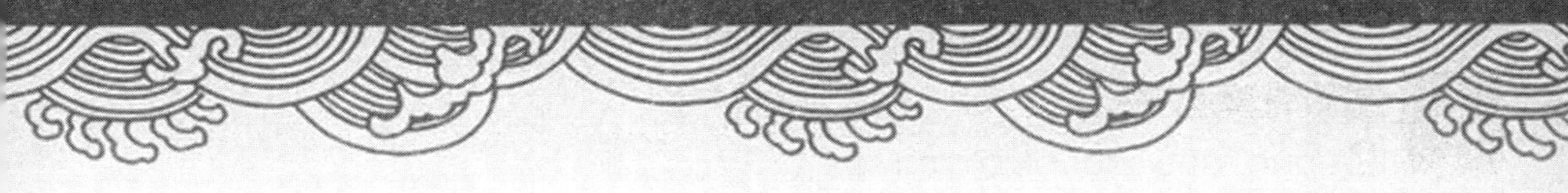

第三章

吹管乐器

吹管乐器在现代乐器分类中归入“气鸣乐器”。这种乐器的发声都以空气为激振动力，传统上根据材质的不同分为两类，即木管乐器和铜管乐器。我国的传统吹管乐器均为竹木制成，因此这种分类在本书的框架里意义不大。我们按照乐器发音原理的不同，把吹管乐器分为两类。第一类，也是多数吹管乐器以空气为原振动媒质。这些乐器都有一个中空的管子，内壁将空气约束成空气柱，气息吹入后，气柱发生震动发出声音。第二类则是在吹奏一端装有簧，气息吹过时，簧既作为振动的激发装置，同时也是发音体的一部分。

第一节 无簧吹管乐器

无簧吹管乐器还可以根据气流进入方式的不同，进一步分为吹孔类和哨嘴类两类。

吹孔类气鸣乐器

这种吹管乐器的管形或罐形的腔体顶端或侧壁上开有吹孔。有如下一些乐器类型：

（1）横吹的笛类：笛类的吹孔位于靠近管上端的管壁，有椭圆、圆、方等形，极少的吹孔位于管中段。

（2）竖吹箫类：箫类的吹孔位于管顶端，有的为端面圆孔，有的在管边缘开三角、方、半圆等形缺口。吹气通过双唇构成的气道冲击吹孔边棱激发声音。

1. 竹笛

中国传统的竹笛由一根竹管做成，去掉里面的节，形成中空成内膛，外呈圆柱形，在管身上开有 1 个吹孔、1 个膜孔、6 个音孔、2 个基音孔和 2 个助音孔。另用软木材制成笛塞，装在吹孔上端管内一定的深度里。

吹孔的位置在笛身左端，也是笛上面第一个孔，它的作用是把气灌进笛管内，使笛膜和竹管内的竹簧产生振动。

膜孔是左端第二个孔。主要用来贴笛膜。笛膜是粘附在芦苇杆中的一层薄膜，一般用芦苇膜做成，另有竹子膜、肠衣膜等等。不过竹膜太脆，吹时易破；肠衣膜伸缩性太大，吹时共鸣小。芦苇膜质薄、光亮有透明感，不易破且伸缩性适中。贴笛膜是一件非常细致的工作，笛膜好但粘贴不好，同样不能发出最好的音色来。正确的方法是：先清洁手指和膜孔内侧四周，不可把笛膜弄脏、弄湿，使笛膜变质，影响吹奏和音色。然后将笛膜揉纹后剪成比膜孔稍大的小方块，用白芨、树胶、桃胶或大蒜头沾水，在膜孔四周抹擦，待产生胶质之后就将笛膜用双手拇、食两指捏住，轻轻向两边拉一拉，使之出现又密又整齐的皱纹，整齐地贴在膜孔上，使笛膜本身的纹路和竹笛的纹路一致，再用两手大拇指按住膜孔两侧的笛膜，向两边轻轻抹一下，使笛膜松紧适度即可。气流进入吹孔以后，振动笛膜，便能发出清脆、明亮的声音。笛膜的作用在于使音色发生变化。如果没有膜孔，笛子也能吹响，但得不到有膜笛的那种独特音色。

笛子的音孔共有六个，分别开闭这些音孔，就能发出高低不同的音。基音孔可用来调音，作用是划定笛子的最低音。助音孔在基音孔下端的两个孔，可用来调高音，起着美化音色、增大音量的作用，也可用来系飘穗。

除了这些部分以外，由笛塞内沿至吹孔中心的一段笛身内膛称为海底，又称笛脑，它的作用是阻止气流向上流动，使其向下流动，集中发音。为保护笛身，防止破裂，一般还要用丝弦做成缠丝缠于笛身外面，共有 21 道至 24 道。此外，有的笛上还在助音孔上系有飘穗，是一种用丝带编成装饰品。有的还在笛身左端或两端用牛骨、牛角、玉石或象牙包裹镶嵌，称为镶口。

中国笛子的历史极为悠远。相传在黄帝时期，即距今大约 4000 多年前，黄河流域生长着大量竹子，人们开始选竹为材料制笛。以竹为材料是吹管乐器制作上的一大进步，一者竹比骨振动性好，发音清脆；二者竹便于加工。有一位美国华侨还收藏了一

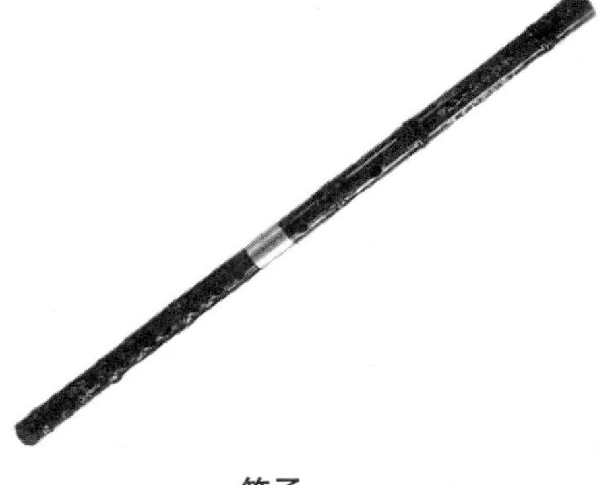

笛子

支战国时期的七个音孔横吹的铜笛。湖北随县曾侯乙墓中出土过两支战国初年的横吹笛；湖南长沙马王堆三号汉墓中也出土了两支横吹笛。到秦汉时期已有了七孔竹笛，这一时期还发明了两头笛。但在这一时期，这种横吹的乐器，其名称仍然不能确定。因为这一时期所称的“笛”，均指竖吹的笛，也就是后来箫的前身。真正把横吹的笛加以单独命名，是在唐代以后。由于唐代的宫廷音乐广罗博采少数民族的音乐文化，在不同乐种的乐队里有竖笛，也有横笛。为了区别，横吹笛前常缀以“横”字，称“横笛”；而竖笛仍然直接称“笛”。据记载，唐代十部伎中，天竺、高昌、龟兹、疏勒、等部伎中所用的是“横笛”；清乐、安国、康国、燕乐等部伎中所用的则是“笛”；而西凉伎中竖吹、横吹两种笛皆用，分别称“笛”、“横笛”。这种区别十分明显。至宋代，横笛流行起来。明代以后，经过长期的混淆，以前单管竖吹的笛最终被称为“箫”，而横吹的横笛最终定名为“笛”。“横笛竖箫”的区分方法就此确定下来。

中国竹笛流传的地域也很广大，演变出来的品种繁多。在目前，使用最普遍的有曲笛、梆笛和定调笛。此外还有玉屏笛、七孔笛、短笛等等。

曲笛因伴奏昆曲而得名，又叫班笛、市笛或扎线（即缠丝）笛，因盛产于苏州，故又有“苏笛”之称。这种笛子多为 C 调或 D 调，管身粗而长，音色浑厚而柔和，清新而圆润。曲笛演奏讲究运气绵长，力度变化细致，常采用先放后收，一音三韵，悠扬委婉，演奏的曲调比较优美、精致、华丽，具有浓厚的江南韵味。它广泛流行在我国南方各地，最适于独奏或合奏，是江南丝竹、苏南吹打、潮州笛套锣鼓等地方音乐和昆曲等戏曲音乐中富有特色的重要乐器之一。

梆笛因伴奏梆子戏曲而得名。这种笛子多为 F 调、G 调和 A 调。梆笛的管身较曲笛细而短，音色高亢、明亮。梆笛主要流行在北方，善于表现刚健豪放、活泼轻快的情致，具有强烈的北方色彩，这和北方人民所处的地区特点和生活、劳动习惯是分不开的。多用于北方的吹歌会、评剧和梆子戏曲（秦腔、河北梆子、蒲剧等）的伴奏，也可用来独奏，富有浓郁的乡土气息和地方色彩。

定调笛是一种经过现代技术改进的套笛。这种笛子每套有 6 支、7 支或

12 支不等，每支有一个固定的调。这种笛子适应不同调子乐曲的演奏，最适宜独奏或参加乐队演奏。演奏时可以不变指法，只用与曲调相应的一支笛吹奏即可。定调笛对我国竹笛的规范和统一起到了积极作用，因为它不再有曲笛、梆笛之分，而是以第三孔的音高定名，这既符合民间传统演奏习惯，又解决了笛子在调高问题上的混乱，并为记谱和演奏带来很大方便。经过进一步改良的定调笛，在笛身的吹孔与音孔之间安装了铜制的插口，以调节吹孔与音孔的距离。这样在不同的气候条件下，就使笛子能够通过调节管长来控制音准。

玉屏笛产于贵州玉屏侗族自治县。用当地的小水竹制成。笛身呈椭圆形，外表刻有山水、花草、鸟兽、虫鱼或诗文等图饰，工艺精细。成对的雌雄笛更为著名，雄的笛管稍粗，上面刻有“腾龙”；雌的笛管略细，发音明亮，上刻“彩凤”。这种龙凤对笛，在工艺上颇具特色。

短笛又叫学生笛，笛身短小，一般无基音孔。分有膜孔和无膜孔两种，适合于练习或合奏使用。

2. 篪

篪是汉族的一种古乐器，也就是所谓的竹埙，是一种横吹的低音乐器。其制作方法是用一管内径约 1 寸、长约 16 寸的竹子，两头封闭，一端开一个跟笛子一样的吹　　顺着手指位置开 8 个孔，孔的大小决定音高，原理和埙一样。因此古人把埙篪称为兄弟。

早在周代，它常与埙一起演奏。战国时，篪作为大型宫廷乐队中的一员，是在祭神或宴享时与编钟、编磬、建鼓、箫（排箫）、笙、瑟等共同使用的主要旋律乐器之一。1978 年，从湖北随县曾侯乙墓出土了两支竹篪，均为 6 孔，闭口，能奏五声加一变化音，全身髹漆。

据《尔雅·释乐》晋人郭璞注记载，至晚在晋朝，篪的吹孔已改用一个高出管身 1 寸 3 分（约 4.3 厘米）的“翘”（即后来所谓“义嘴”）吹奏。六朝以后，随着清商乐的兴起，它又成为吴声的主要伴奏乐器。隋唐时，它是当时艺术性最高的清乐乐队的一员。宋以后，因主要用于宫廷雅乐而逐渐失传。

竹篪

篪的演奏方法，据长沙杨家湾汉墓作乐木俑与山东南武阳汉元墓画像石来看，吹奏时可能双手掌心向里，篪身放在大拇指、食指之间，吹孔与出音孔向上成180°，左手食、中、无名指分别按1、2、3孔，右手中、食两指按4、5两孔。另据文献记载，宋、明时吹篪使用半孔指法，可演奏完整的十二律。

2. 骨笛

骨笛又称鹰笛或鹰骨笛，是最早出现的乐器之一。早在原始社会时期，我国先民就已经制作出了骨笛。

我国考古发掘最早的乐器是1987年发现的，属于新石器时期的河南省舞阳县贾湖骨笛。

贾湖遗址距今有八千多年的历史，属早于仰韶文化的裴李岗文化，分为早、中、晚三期，共有349座墓葬，出土了多支骨笛，其中16只是完整的。这些笛子比古埃及出现的笛子要早2000年，而且远远早于古代美索不达米亚和古代阿拉伯的笛子。

其中又以282号墓（属于中期墓葬）规模最大。该墓墓主生前的身份非同一般，随葬品多达60件，其中有2支骨笛，一支在墓主左股骨的外侧，另一支在墓主左股骨的内侧，制作之精良，音质之优美，都堪称贾湖遗址骨笛之最。其中一支骨笛出土时已经断为三截。经专家分析，骨笛并非是入土时折断，而是墓主生前就已经损坏。耐人寻味的是，主人并未抛弃之，而是细

心地在折断处钻了 4 个小孔，用细线连缀，可见墓主人对它的珍爱。

贾湖骨笛一般用鹤类尺骨锯去两端关节钻孔制成，长 20 多厘米，直径约 1.1 厘米，圆形钻孔都分布在同一侧，一般为 7 孔，制作规范。有的骨笛上画有等分记号，表明制作之前先经过度量、计算，然后画线，再钻孔。比如早期的 341 号墓的 1 号笛、中期的 282 号墓的 20 号笛、晚期的 253 号墓的 4 号笛，都有为了确定孔距而留下的计算刻度。个别笛子的主音孔旁还钻有小孔，专家认为是调音孔，可见制作者已有音律规范的意识，开孔后先要试音，如果音律不谐，再开小孔作微调。这些都说明了贾湖的先民制作骨笛时采用的是经验与计算相结合的方法。

其中 282 号墓 20 号笛在开第七孔时，先开一小孔，经过人耳的审听，发现此孔比实际需要的音略高，于是在它下方 0.44 厘米处再开了一个正式的音孔。这支骨笛在开孔时，还在预先计算的开孔点上有所调整，即把原先计算的第二孔的位置向下移动了 0.1 厘米，使第一孔与第二孔的音距为 300 音分；原第三孔的位置也向下移动了 0.1 厘米，使第二孔与第三孔的音分值调整到 200 音分，而第三孔与第四孔之间的音距也成了 200 音分。通过调整两个音孔

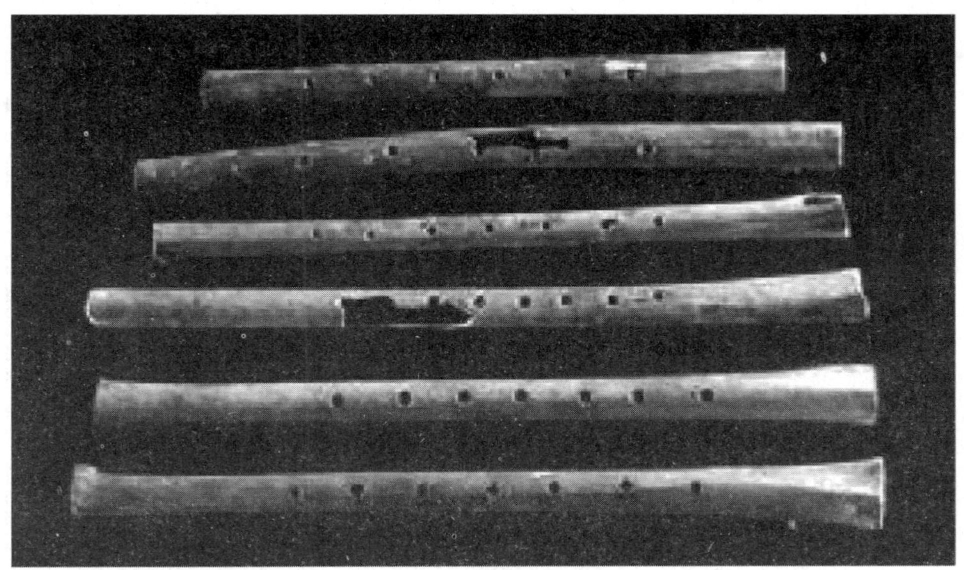

贾湖骨笛

位置，彼此的音距与音分数与今天的十二平均律的音距和音分数完全相同，并且形成了1、2、3、5四个声音组合的、以十二平均律为基础的相互关系，简直令人难以置信。贾湖人似乎已经有了对十二平均律某些因素的认识和可以接受的范围。

在贾湖文化延续的1200年的历史时期中，分别制作出了能演奏四声、五声、六声及不完备七声音阶的骨笛，还有七声以及带有变化音的骨笛，这一过程反映了中国民族音乐发展的渐进性。

知识链接

仰韶文化

仰韶文化是中国重要的新石器时代文化，处于母系氏族制度繁荣至衰落时期，距今约5000~7000年，属于彩陶文化。仰韶文化主要分布于黄河中下游地区，东至河北中部，南达汉水中上游，西及甘肃、青海，北抵内蒙古河套地区。其中陕西省的关中、陕北一带是仰韶文化的中心地区。

仰韶文化时期，各地氏族部落已经开始过着比较稳定的定居生活。氏族成员主要从事农业生活，同时饲养猪、羊等家畜，兼营狩猎、采集和捕捞水中的鱼蚌。这一时期的原始手工业也比较发达，制陶业、石器制造和其他手工业技术已经得到普遍的推广和传播，一些先进技术甚至已经开始影响周边地区的其他文化类型。

这种文化类型于1921年，由时任北洋政府农商部矿政司顾问的瑞典人安特生在河南省三门峡市渑池县东北的仰韶村首次发现，按照考古惯例，命名为仰韶文化。

到2000年为止，全国共有仰韶文化遗址5213处，其中面积最大的遗

址是陕西关中地区耀县的石柱塬遗址，面积达300万平方米。

仰韶文化的发现在中国考古史上有着重大意义，它第一次证实了中国曾经存在着非常发达的新石器时代文化。

与骨笛属于同一性质的乐器还有浙江余姚河姆渡遗址（距今约7000年）出土的新石器时期的骨哨。这批骨哨有一百六十件，距今大约有七千余年的历史。这些骨哨是以大型禽鸟的肢骨截去两头，在骨管上磨出一二个或两三个吹孔制成的。这种骨哨可以吹出几个简单的音。从原始人的生产发展情况来看，骨哨可能既用来诱捕猎物，在闲暇时也用来吹奏取乐，并以前者为主。

1994年春，内蒙古赤峰市松山区初头朗乡三座店村农民在植树造林时发现了一支骨笛。骨笛管状深黄色，是用飞禽类的肢骨制成，已经石化。骨笛长约15厘米，外径0.7～1.5厘米，其上有等距离的5个音孔，音孔直径约0.3厘米，在底端处还有两个约0.2厘米相对的小孔。经过测定和辨认，确认这支骨笛属于红山文化时期的乐器，距今约5500年。

动物骨骼是远古先民制作生活器物的重要材料之一。随着人类物质文化的显著进展，骨制品已大为减少。汉字产生以后，从“笛”字部首为“竹”这一点来看，说明中原汉族地区的笛子早已采用竹类来进行制作了。当然，后来的笛子偶尔也采用其他材料如铜、铁、银、瓷、玉等，骨笛并没有因此而完全绝迹，只是更为罕见而已。比如在新疆巴楚县脱库孜萨来遗址就曾出土一件北朝时期（公元四至五世纪）的骨笛（残件）。

骨笛至今仍在藏族、塔吉克族、柯尔克孜族等少数民族中间流行。

藏语称当惹，用鹫鹰翅骨制成，流行于西藏、青海、云南、四川、甘肃省等的藏族牧区。藏族青年多在夏季放牧或田间劳动休息时吹奏自娱。演奏时，骨笛竖置，右手在下，无名指、中指和食指按第一、二、三孔，左手在上，无名指、中指和食指按第四、五、六孔。音色清脆、悠扬。吹奏中多使用上滑音和颤音等技巧。

在青海省黄南藏族自治州，还流传有一种用大雁的翅膀骨做的雁骨笛。管身无固定规格，在笛管上端管口置一木塞，木塞与管壁之间留有一道缝隙作吹孔，管身开有六个按音孔。奏法与鹰骨笛相同。

塔吉克族鹰骨笛称那依，柯尔克孜族称却奥尔。用大鹰的翅骨制成，长约25厘米、管径1.5厘米。管内中空，两端皆通，管下端开三孔。制作时，先将骨肉剔净，锯掉两端骨节，磨平上下管口，去髓。两端管口呈椭圆形，上口较大，下口较小，从下口往上，每隔2.2厘米左右钻一直径0.7厘米（稍呈椭圆形）音孔，共三孔。笛身雕刻图案花纹或题字作为装饰。多用于盛大节日和婚礼场合，也为歌舞、叼羊、赛马等伴奏。鹰骨笛做好以后先不能吹奏，要放置在屋内的房梠上，经过半年的烟气熏染，使外表呈现出美观、雅致的暗红色之后，方可取下带在身边。

3. 箫

箫又名洞箫，是一种非常古老的单管竖吹乐器。古代单独所称的“箫”实际上是现在的排箫。一般认为，单管箫出自羌中，四孔，竖吹。汉代也称“羌笛”，简称“笛”。后经京房加一孔，为五孔。西晋乐工列和、中书监荀勖所改革的笛为六孔（前五、后一），其形制与今天的箫已非常相似了。魏晋南北朝时，箫已用于独奏、合奏，并在伴奏相和歌的乐队中使用。宋代以后，由于竖笛和横笛常被后人相混淆，为了区别两者，改称排箫为“古箫”，称单管竖吹的为“箫管”，简称箫，至此才把排箫、洞箫和横笛三者较明确地区分开来。

箫的构造较简单，管体一般呈圆柱形，由一根全长70～78厘米的竹管做成，管身内径1.2～1.4厘米，较曲笛长且细。上端留有竹节，下端和管内去节中空，吹口开在上端边沿，由此处吹气发音。通常有六或八个侧指孔，但没有膜孔。传统的六孔箫，正面开有五个音孔，背面开有一个音孔，用以控制音的高低。平列在管下端背面的两个圆孔是出音孔，可用来调音。在出音孔下面的两个圆孔为助音孔，它起着美化音色和增大音量的作用，也可系穗

为装饰。现代改进的八孔箫则为前七后一，并带有铜插口，可调节音高音低，方便于乐队的合奏。

箫一般由竹子制成，尤以紫竹为上。另有陶瓷（德化瓷箫）、玉（白玉箫）、金属（铁箫）、纸质（纸箫）等。箫的音质优劣，与选用的竹材和制作关系很大。要选用冬至到春分期间采伐的竹子，以生长期在三年以上的老竹为佳，竹质应坚实、分量较重，紫竹以竹花均匀、呈紫褐色的为佳，无虫蛀、干缩、劈裂、蜂腰和大腹等缺陷，管身圆满、纹理细密顺直。

依据材质和制作工艺以及音色，可以把箫分为普及箫、专业箫和精品箫。普通箫用普通紫竹制成，不论节数，外漆树脂漆。对材质的要求低，适合于一般演奏和练习用。专业箫选用档次较高的紫竹，制作工艺精良，适于音乐演出使用。专业级的紫竹箫，管身较粗，音色低沉洪亮，多用于独奏或合奏。

精品箫的选材极为讲究，对竹子的长相、老结度、发音、振动以及节数都有一定的讲究，其中九节箫更是珍品，多为名家演奏和收藏。九节箫的管身上有九个节并刻有各种图案或文字雕饰，有的还在下端嵌着牛骨圈。管身外涂黑漆的又叫黑漆九节箫。九节箫发音淳厚、音色优美，适用于地方戏曲或轻音乐，有时也用于独奏或合奏。

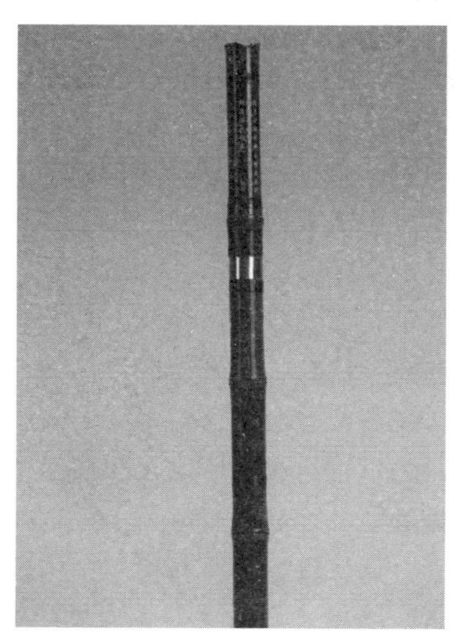
箫

箫在制作时，要注意的是须使其吹口和音孔在一条直线上，吹口上方下圆，音孔要圆，并都掏成向内的倾斜形，孔壁要光，内膛应光洁，竹节磨光，两端平整，两端口径不能相差过大，漆饰应美观。在音质上，音阶应准确，不论轻吹重吹，音响都应清丽，不能有空洞或差异的声响。音色应淳厚、优美、圆润。

箫的定调不一，常见的为 G 调，还有 F 调、C 调等。6 个音孔全闭时，筒音为（d1），通过超吹，音域由（d1 ~ e3），有两

个八度另一个大二度。箫的音色柔和、典雅，低音区发音深沉，弱奏时很有特色；中音区音色圆润、优美；高音区发音紧张。箫的音量较小，乐队用几支箫同时演奏效果较佳。单用一支箫演奏时，配器上要注意音量对比适度。

由于箫本身的吹孔很小，并且依管壁厚度向内倾斜，这样吹奏时气流一大反而吹不响了。所以箫的音量小，音色柔和，甘美而幽雅，适于独奏和重奏，尤其适于演奏低沉委婉的曲调，寄托宁静悠远的遐思，表现细腻丰富的情感。

除了传统的洞箫以外，箫还有一些衍生品种，较有代表性的是琴箫和玉屏箫。琴箫的直径比洞箫略细，音量比洞箫小，通常用于与古琴合奏。玉屏箫的直径在 1.05 厘米左右，比琴箫还要细，常采用贵州玉屏产的黄色竹子制作，这种箫音量更小，箫外有时雕龙刻凤，一般用于自娱或作为工艺品。

我国少数民族中与单管箫相近的乐器有：藏族的雄林；景颇族的筚笋和勒绒；傈僳族的笛朽篥和决篥杰；克木人的库洛；拉祜族的列都；布依族的波晓呼；布依族和苗族姊妹箫；苗族的塞箫、奖、嘎嗦、太平箫、巴葛丢冬和直通箫；瑶族的五月箫；壮族的合欢箫；傣族的筚箫；黎族的嘟噜；怒族布利亚；朝鲜族的短箫和筒箫；哈萨克族德斯布斯额和苏奈依；佤族的瓦格洛；高山族的双管鼻笛。

4. 排箫

中国古代所谓的“箫”实际上最初指的就是排箫。到了元明以后，为了区别于单管的洞箫，才最终把它命名为排箫。除此以外，它还有许多古雅的名字，诸如雅箫、颂箫、舜箫、秦箫、凤箫、凤翼、云箫等等，还有一些像参差、比竹、短箫、底箫、籥、籁等我们不太熟悉的，也都是排箫的别名。传说黄帝曾命乐官伶伦制作乐器，他用竹做了“参差”，这种乐器是由长短不一的竹管组成，所以人们都说“参差不齐”。“参差”实际上就是现在所说的排箫。

制作排箫的材料很多，传统的有苦竹、薄竹、乌木、檀木、红木、梨花木、樱桃木、陶瓷、玻璃等，进入现代以后又增加了碳纤维、亚克力、ABS 塑料、铜管、钢管等材料。不同排箫因材料、种类不同，吹管的联接方式也

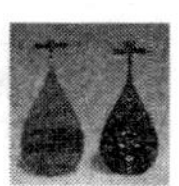

不相同，有的用绳子、竹篾片固定，有的用木框镶起来，有的用胶粘合在一起，有的塑料排箫是一体的，是加工时一次成型的。

排箫的种类繁多，管数不一。仅按照管数区分，就有 10 至 24 根管不等约十余种。按照形制区别，有呈单翼状的，有呈双翼状的。从制作材料看，除竹质外，还有骨质、石质的。1981 年，我国吉林省歌剧院自行研制出双排加键排箫。这种排箫音域宽广，既可演奏悠扬舒缓乐曲，又可演奏活泼轻快乐曲，为排箫家族增加了新的品种。

排箫是把若干支同种材质的音管，按由长到短或由短到长的顺序排列，再用粘接、捆绑或框架固定的方式组合成一个整体乐器。在音管的内部用蜂蜡或软木塞堵住，构成一个个独立的吹管。吹奏时，气流从吹口上方进入管中，撞击对侧的内管壁，气流在音管的内腔震动，产生了乐音。由于管的长短不同，以及蜂蜡、软木塞的位置不同，气流在音管内的震动周期不同，所以气流的震动频率不同，因而就产生了不同的乐音。

排箫这种乐器既可以独奏又可以合奏。排箫的音色纯美自然，超凡脱俗，轻柔细腻，空灵飘逸，宛若风的声音，又有如同天上的流云，因此人们习惯把排箫之音赞为“天籁之声”。不同材质的排箫发出的声音也各有特色：乌木排箫高亢亮丽，檀木排箫轻美甜润，苦竹排箫清脆飘逸，亚克力排箫古朴自然。

从出土的文物可以知道，排箫是汉族发明使用的乐器。迄今发现的世界上最早的排箫实物，是距今 3000 年的中国西周初期的骨排箫，这个排箫由 13 根长短递减的禽类腿骨制成，最长管 32.7 厘米、最短管 11.8 厘米。这支排箫 1997 年在鹿邑县太清宫镇长子口商末周初长氏贵族墓出土，出土时管身有带子束管的痕迹，现存于河南省博物院。今存最早的石质排箫出土于河南淅川下寺一号楚墓，用整块汉白玉雕琢而成，共 13 管，距今已 2500 年，从其腰部的捆扎雕饰看，当是竹排箫的仿制品。今存最早的两支竹质排箫出土于战国曾侯乙墓，距今已 2400 多年，它们的形状独特，好像凤凰的一翼，都是由 13 根长短不同的细竹管依次排列，用三道剖开的细竹管缠缚而成，表面饰有黑底红色三角回纹的漆绘。这两支排箫虽然形制相同，但相应的管长有别，是一对“雌雄箫”，雄的稍长，雌的略短。古时的雌雄排箫常作合奏，互相衬

托，有如男女声二重唱。

现在在世界各地还保存着许多中国古箫的实物。比如在日本古都奈良东大寺的正仓院中，仍珍藏着中国唐代的两支排箫遗器。在《东大寺献物帐》上，称作“甘竹律”。一支为 12 管，由椽木和革带缠合而成，高 30.5 厘米；另一支 7 管，高 23.5 厘米。两支都已残破，旧管内塞有纸堵，以便于调律，后经修补复原，其形甚为奇异。在北京中国音乐研究所里，珍藏着一支清乾隆时期制作的排箫，共 16 管，每管都刻有音名，工艺十分精致，造型美观，本制套架上还绘有两条腾云而起的金龙，富有民族风格。

除了出土和传世的实物以外，传世的其他艺术品上也常有排箫的影像。汉唐以来的石刻、壁画以及墓俑保存了许多吹奏排箫的形象。比如在敦煌莫高窟中就有一幅手持排箫的“乐伎佛”壁画。

此外根据文献记载，唐宋时期的排箫因应用场合或乐种的不同，还衍生出“燕乐箫”、“鼓吹箫”、“教坊箫”、“龟兹箫”等。唐代十部伎中，除天竺、康国外，清乐、西凉、龟兹、疏勒、安国、高昌、高丽、燕乐等部伎都采用了排箫，足见它在当时宫廷音乐中的重要地位。

这一切无可辩驳地证明：中国是排箫的发源地。但在清朝中后期，排箫音乐就从中国乐坛中销声匿迹，中国排箫的吹奏技艺没有承传下来，这对于中国人而言，不能不说是一种遗憾。

知识链接

乐器演奏与右脑开发

乐器演奏同一切锻炼左脑的操作动作一样，有利于人的动手能力。这种说法有什么科学根据吗？

这要从荣获过诺贝尔奖的费曼（1918～1988 年）说起。费曼是现代最

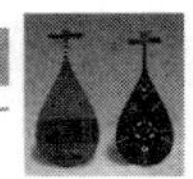

伟大的理论物理学家之一。有人说：他可能是历史上唯一被按摩院请去画裸体画的科学家，他曾偷偷打开过放着原子弹机密文件的保险箱，他也是在巴西桑巴乐团担任过鼓手的科学家。他曾跟爱因斯坦和波尔等大师讨论物理问题，还在赌城跟职业赌徒研究过输赢几率。

费曼多才多艺，擅长敲奏桑巴鼓、绘画、解密码锁……几乎无所不通，学一行通一行。

美国一些教育家认为中国的教育非常严谨，有着严密的逻辑性和丰富的知识性，这样培养出来的学生，抽象思维能力较强，但行为能力较差。所谓行为能力，如创造能力、敬业精神、人际关系能力等等。因此，我们的现有教育体制造成的现状是受教育越高，右脑功能越差。

1981 年美国神经生物学家斯佩里教授通过割裂脑实验证实了大脑不对称性的“左右脑分工理论”，并荣获该年度的诺贝尔医学奖——生理学奖。从此，人类懂得了自己的左右脑的不同分工。

左脑主管语言中枢、逻辑分析、数字处理和记忆，它必须根据右脑的信息进行加工。如果我们的教育让左脑进行满负荷运作，用填鸭式的、死记硬背的用脑方法偏重于应试教育。那么，在缺少变化的时代里，偏向用左脑型的人尚可大显身手，而在改革开放后的充满变化和活力的社会中，偏向用左脑型的人就往往不顺利。右脑通常被称为“信息录音带”，是一个记忆储存器。右脑支配着左手、左脚、左耳等人体的左半身神经感觉器官，具有直觉观察、综合、几何、动手操作等功能。因此有人说，右脑是创造力的源泉。

我们可以注意到，费曼敲桑巴鼓、绘画、开密码锁都属动手能力，其中大多是艺术，又有音乐，又必须用左手，使用的是形象思维。演奏乐器的优越性在此不言自明。乐器演奏既是操作性的，又要涉及左手，因此学习演奏乐器是开发右脑的有效途径之一。

5. 埙

埙也写作壎，是古代用陶土烧制的一种吹奏乐器，圆形或椭圆形，大小如鹅蛋，有六孔，吹口在顶端。埙以陶制最为普通，故亦称“陶埙”。也有石制和骨或象牙制的。

埙是中国最古老的吹奏乐器之一，在我国山西、甘肃、河南、山东省等地都出土过，大约有 7000 年的历史。根据考古学材料的推测，埙的起源与汉族先民的劳动生产活动有关，最初可能是先民们模仿鸟兽叫声而制作，用以诱捕猎物，后随社会进步而演化为单纯的乐器。另有一种理论认为，埙可能起源于一种叫做“石流星”的狩猎工具。古时候，人们常常用绳子系上一个石球或者泥球，投出去击打鸟兽。有的球体中间是空的，抡起来一兜风能发出声音。后来人们觉得挺好玩，就拿来吹，于是这种石流星就慢慢地演变成了埙。

最初埙大多是用石头和骨头制作的，只有一个音孔。后来发展成为陶制的，并逐渐增加音孔，成可以吹奏曲调的旋律乐器。

埙由一个音孔发展到六个音孔，经历了 3000 多年的漫长岁月。浙江余姚县河姆渡遗址发掘的陶埙，距今约 7000 年，呈椭圆形，只有吹孔，无音孔。陕西西安半坡村仰韶文化遗址陶埙，距今约 6000 年，其形略如橄榄，也只有

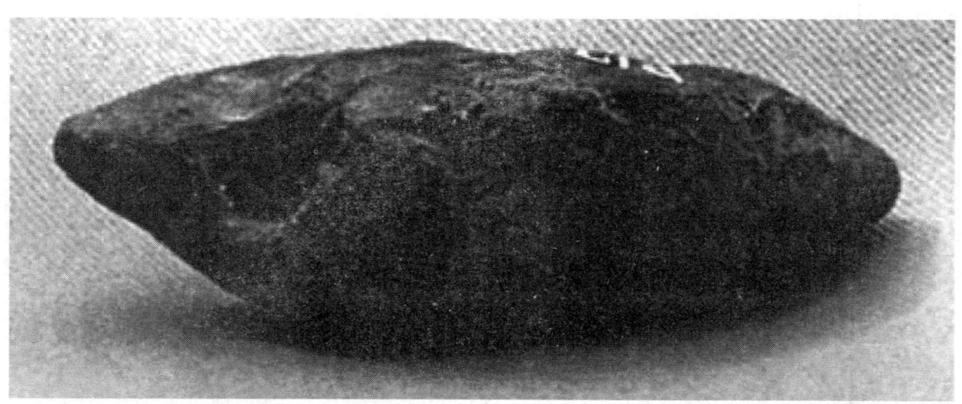

西安半坡陶埙

一个吹孔，用细泥捏塑而成，是埙的原始形态之一。大约在四五千年前，埙由一个音孔发展到两个音孔，能吹三个音。进入奴隶社会以后，埙得到了进一步的发展，前些年在甘肃玉门火烧沟出土的父系社会晚期至奴隶社会初期的埙，有三个音孔，能吹四个音。到公元前1000多年前的晚商时期，埙发展到五个音孔，能吹六个音。到公元前700多年前的春秋时期，埙已有六个音孔，能吹出完整的五声音阶和七声音阶了。

春秋时代，儒家提出了以和为美这样一个重要的音乐审美观。和是指内容舒缓平和，有助于教化，体现了当时的音乐审美观点，是声音谐和。埙在这方面的音乐功能非常显著。因为它的音色古朴、醇厚、柔润，所以特别受到儒家的推崇。

埙的形状也有多种，如扁圆形、椭圆形、球形、鱼形和梨形等，其中以梨形最为普遍。此外，考古发掘和传世埙中也偶见一些特殊形制的陶埙或瓷埙。商代的埙比原始时期和夏代有了较大的发展，有陶制、石制和骨制的，以陶制最为常见，形体多为平底卵形。战国时期陶埙也为平底卵形，但也有其他形状的。秦汉以后，埙在中国的音乐历史上主要用于历代的宫廷音乐，在整个乐队中起到充填中音、和谐高低音的作用。在宫廷音乐中，埙分成颂埙和雅埙两种。颂埙形体较小，像个鸡蛋，音响稍高；雅埙形体较大，音响浑厚低沉，常常和一种用竹子做成的吹管乐器篪配合演奏。故宫博物院和中国艺术研究院音乐研究所藏有清代宫廷所用的红漆云龙埙，高8.5厘米、腹径7厘米。埙体有六个音孔：前四后二，通体红漆，描绘金龙和云纹。

今人改进研制的九孔陶埙，以古制六孔埙为基础，然后扩展其肩部和内胎，以增大音量，音孔增至八个：前六后二，加上吹孔，共为九孔。这种九孔埙用江苏省宜兴市的紫陶制成，既保持了传统埙原有的外形和音色，又增大了音量，扩展了音域，能吹出音阶和半音，使它成为可以转调的乐器，而且音色古朴淳厚、低沉悲壮，极富特色。另外，由于九孔埙改变了原来不规则的音孔排列，按照现代人的演奏习惯，使演奏更为方便，可以独奏、合奏或伴奏使用。九孔陶埙的面世，标志着中国古埙重新获得了生机。不久之后，湖北省歌舞团的研究人员又研制出十孔红木埙，解决了埙难以吹奏高音的缺陷。

埙的种类很多，除了传统的卵形埙，现在还发展出了葫芦埙、握埙、鸳鸯埙、子母埙、牛头埙等多种类型，样式美观，工艺精细。

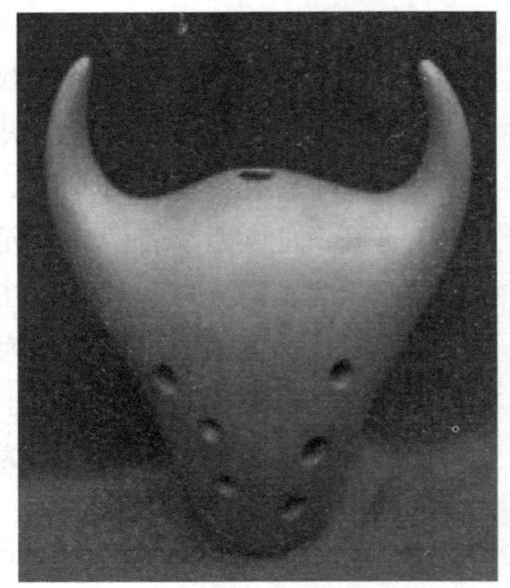
牛头埙

葫芦埙带有喉装置，外形像葫芦，制作上需二次做胎，工序复杂。这种埙的近腰处最细，气流经过此处时，可再次引起边棱音效应，使埙的高音区音域得到适当扩展。由于埙体加长，吹奏更为方便省力，音色也较传统的卵形埙柔和。

握埙就是握着吹奏的埙，它是运用十个手指和拇指根部控制音孔。

所谓鸳鸯埙，其实是指两个音高不同、方向相反、底座相连的连体埙。这种埙两端各有一个吹孔，上下埙的发音孔与一般埙完全一样。演奏时，可根据需要随意迅速转换。

子母埙也是连体埙。与鸳鸯埙不同的是，子母埙的两个埙大小不同、方向一致、左右相连，大埙与小埙的音程关系一般是纯五度，根据需要还可以随意组合。

牛头埙是根据宁夏回族乐器改进而来的。回族群众俗称“哇呜”或“泥萧”，是用黏合力强、结实耐用的黄胶泥土制作的一种民间小乐器。可以看作是埙的变种。此外，藏族的扎令、彝族的阿乌和笛老挪都是我国少数民族使用的与埙相近的乐器。

哨嘴类气鸣乐器

这类乐器的共同特点是吹口外装有哨嘴。哨嘴的构造类似平常作为信号用的哨子，一般位于管的上端。哨嘴上有对准吹孔边棱的固定气道，以取代吹孔乐器的双唇气道。

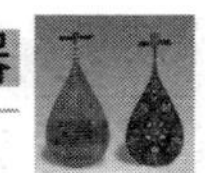

1. 筚篥

筚篥，也写作觱篥或悲篥，由于外形上与笳比较近似，故又称笳管；宋代以后一般称为头管、管子或单称管。这是古代龟兹（今新疆库车县）劳动人民发明的一种乐器，筚篥这个名称也是从古龟兹语的译音而来的。直到今天，在新疆的许多石窟中还可以看到筚篥的形象。

筚篥大约在汉魏时代（公元4世纪前后）传入内地。最早见于文献是南朝何承天的《篡文》。最初的筚篥多用于军中，是由羊角或牛角制作而成，传入中原后，才改用竹制，体身也由弯变直。北魏以来开凿的云冈石窟中就有吹奏筚篥的形象。隋开皇初年（581年左右）在宫廷乐队中使用，后在隋唐九、十部乐中应用颇广，并成为其中的主要乐器，有大筚篥、小筚篥、双筚篥、桃皮筚篥等形制。隋唐宴享的胡乐中，以龟兹乐为主，此外天竺乐、疏勒乐、安国乐、高昌乐中都有筚篥。在宋代教坊大乐中，管自成一部。明清两代，管子广泛流行于民间。经过长期的变化和发展，管的演奏技艺得到了不断丰富和发展。现在，管子已经成为北方人民喜爱的常用乐器。

筚篥还从中国传入到朝鲜和日本。至今在日本奈良正仓院中，还保存着一支我国唐代筚篥，成为日本国家藏宝之一。

起初，筚篥的管身是用羊角和羊骨制成，而后改由竹制、芦制、木制、杨树皮制、桃树皮制、柳树皮制、象牙制、铁制、银制等等，而以竹制最为普遍。至明代，改用木制。木制管的音色更为淳厚。筚篥的管体呈圆柱形，外表涂漆侵腊，两端套金属圈防裂。管壁开有八孔（前七后一）或九孔（后二孔）。管口插有一枚哨子。小管的哨用苇制成，一端用细钢丝扎住，另一端烙扁，直接插入管身上端；大管的哨为芦竹制成，先插进锥形的铜侵子里，再把侵子插入管身上端。

今天新疆维吾尔族民间流行的巴拉曼，仍然保持古龟兹筚篥形制。与汉族地区经过变化的木制管相比，巴拉曼的音色略带沙哑，更具有新疆地方特色。

2. 管

管分大、中、小三种。小管又称高音管，长 18 厘米，内径 0.9 厘米，音色高亢，是北方管乐队中有特色的领奏乐器；中管长 24.5 厘米，发音比小管低八度；大管又称低音管，约长 33 厘米，内径 1.2 厘米，发音比中管又低八度，通常在乐队中担任低音或作节奏型强拍演奏。

近年来管的制造及演奏技术都有了较大的发展。经过改革的传统管，音域扩展到两个八度又六个音，新型的加键管还能演奏十二半音，在合奏和独奏中发挥了更大的效能。目前在乐队中常使用的有中音管、低音管和加键管。所谓双管也就是两支管并排扎结在一起演奏，口含两个簧哨，双手同时按两管的音孔而发出双音，用于民族乐队合奏与独奏。

管子的演奏技巧非常丰富，除了一般经常运用的颤音、滑音、溜音、吐音和花舌音外，还有特殊的打音、跨音、涮音和齿音等。除手指的技巧外，哨子含在嘴里的深浅也决定着管子发音的高低，吹奏时，利用口形的变化，还能模拟出人声和各种动物的叫声。运用循环换气法可不间歇地奏出长时值音型。

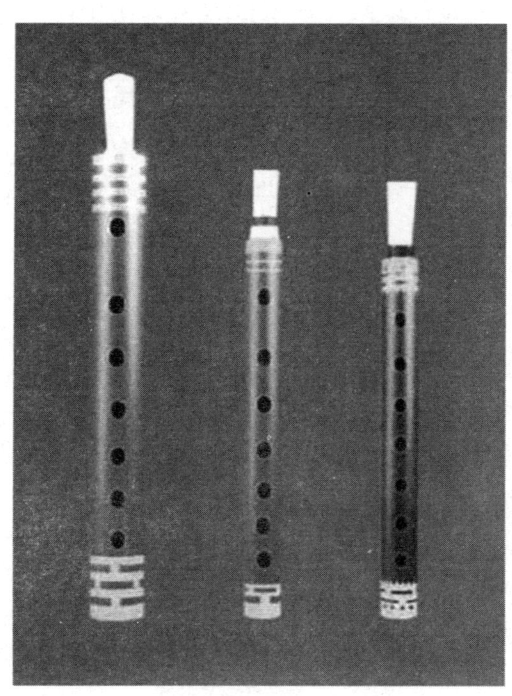
三种型号的管子

管子在我国的北方民间流行了两千多年，深受各族人民的喜爱。传统上，这种乐器用途很广，多用于地方戏曲，民间管乐常用于河北吹歌、冀东吵子会、山西八大套、西安鼓乐等北方民间器乐队、民族乐队、戏曲乐队和寺院等宗教音乐中，可独奏、合奏和伴奏。河北吹歌使用大管和小管，小管音色高亢明亮，宜表现活泼、热烈的旋律；

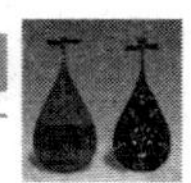

大管音色深沉、浑厚、略带凄怆，长于抒情性描绘。各种管还可更换不同的哨子升降音高，改变宫调。

管子的音色粗犷质朴，模仿和表现力很强，富有强烈的乡土气息。它特别善于表现圆润不断、委婉起伏的持续音。它的音色深沉、浑厚、凄怆，对人们思想感情具有强烈的激发力，特别是表现悲愤、激昂情绪时有独到功能，古人往往借它抒发伤时感事的情怀。

第二节 有簧吹管乐器

这种乐器在管端装有簧片（哨片）构成吹嘴，吹奏时，气流震动簧片使乐器发出声音，再进入管体产生共鸣。

簧片有多种结构和性质：首先可以分为拍击簧与自由簧。拍击簧振动时，簧片的两面中有一面会受到阻碍，或与另一相邻簧片互相拍击，或单片拍击在略小于簧片面积的吹嘴槽孔上。而自由簧振动时两面均无限制。其次可以分为异声簧与自声簧。异声簧主要用芦竹等软质材料制作，也称软簧，其振动受管内空气柱振动影响，音高取决于空气柱频率。自声簧一般用铜、木等硬质材料制作，也称硬簧，音高取决于簧片的固有频率。再者可以分为异体簧与自体簧。异体簧的簧舌是以异体材料制成后装在座板或管体上。自体簧的簧舌是从座板或管体本身割出。最后可以分为受控簧与非受控簧。受控簧受吹奏者嘴的控制，吹奏过程中可调节其振动长度和劲度，使之与空气柱振动适相耦合，发音丰富多变，主要为软簧。非受控簧不与人嘴接触，发音较

单调，多为硬簧。

有簧的吹管乐器，一般按照簧片数量的不同，分为单簧、双簧和自由簧三大类。

单簧气鸣乐器

汉族没有这种类型的吹管乐器，但我国少数民族这种类型的乐器很多。主要有：

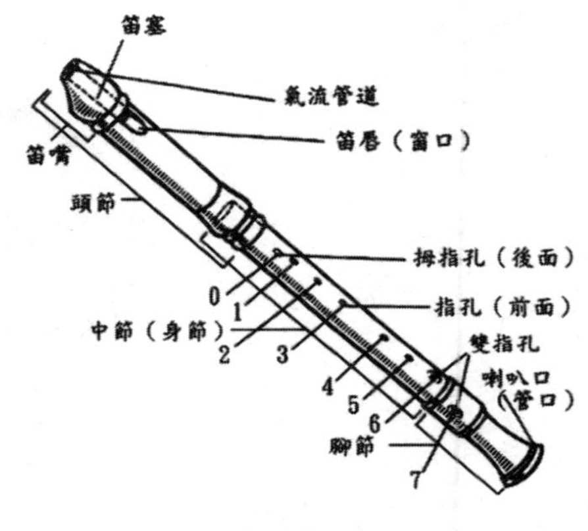

苗笛结构图

苗、侗、水、瑶、仡佬等族的芦笙；彝、哈尼、傣、佤、布朗、苗等南方少数民族的巴乌；傣族、黎族和克木人的筚；布朗族的筚相；苗族的夜箫和苗笛；苗、侗、水、瑶等族的芒筒；侗族的侗笛和竹叶笛；彝族的双管巴乌、马布和寸笛；彝族和拉祜族的筚鲁；土家族的咚咚亏；布依族的笔管和大嘀珑；壮族、苗族的筚多喝；壮族的波芦和筚建；黎族的利列、笛列、筚达和利罗；克木人的筚尔和筚朗布浪；岔芒人的芒笛；苦聪人的美都；羌族和藏族的其篥；傣族和德昂族的双管筚朗叨；景颇族和德昂族的筚总；傈僳族的决列；锡伯族的菲察克；苗、瑶、侗、彝、壮、布依、黎、土家、傈僳、阿昌、白、傣、水、哈尼、仡佬、仫佬、毛南、满、蒙古、藏等族的木叶。

双簧气鸣乐器

 1. 胡笳

笳是中国古代北方民族的一种吹奏乐器，汉时传入中原。因魏晋以前将北方民族统称为“胡”，故通常称作“胡笳”。

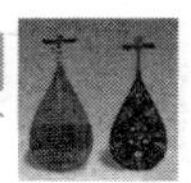

最初胡人将芦苇叶卷成双簧片形状或圆锥管形状，首端压扁为簧片，管身与簧片为一体。后在形制上有所变化，首先由芦叶的管身改为芦苇秆的管身，将芦叶制成的哨插入管中，遂成为管制的双簧乐器，形似筚篥。所不同的是笳的管身上没有开按音孔。后来出现了簧片与管身分开的胡笳，仍然都使用芦苇管制作，簧片用坏了可随时更换，而无须更换管身。

汉代有两种胡笳。一种是管身和簧分开、芦苇制（也有木制管身）、管上开有三孔的胡笳，仍然流行于胡人中间。另一种是张骞通西域后传入的木制管身、三孔、芦为簧的胡笳，流行于广大的中原汉族地区。胡笳是汉代鼓乐中的主要乐器。河南邓县南朝墓出土两块鼓吹乐画砖，其中一块是五人乐队，最左边的人吹奏的乐器即是笳。其他四位则是两人吹角，一人吹排箫，一人吹笛。

在汉魏历史上流传有不少关于胡笳的故事。有名的如东汉蔡文姬作《胡笳十八拍》、西晋刘琨在晋阳《胡笳五弄》退匈奴等等。

知识链接

蔡文姬与《胡笳十八拍》

蔡文姬（177？—？）名琰，字昭姬，后为避晋文帝司马昭之讳，改字文姬，东汉末年陈留圉（今河南开封杞县）人。

文姬的父亲蔡邕，是东汉大名鼎鼎的文学家和书法家，还精于天文数理，妙解音律，是曹操的挚友和老师，后因依附董卓而被处死。

蔡文姬自小跟随父亲，耳濡目染，博学能文，又善诗赋，兼长辩才与音律。她的音乐天赋尤其过人。据说，她6岁时，有一次蔡邕在大厅中弹

琴，不经意把第一根弦弹断了，只好用别的弦代替，居然被蔡文姬隔着墙壁听了出来。蔡邕父惊讶之余，又故意不用第四根弦弹奏，居然又被她指出。

蔡文姬第一次出嫁至河东卫家，她的丈夫卫仲道是出色的士子，可惜成婚不到一年，卫仲道便因咯血而死。两人无子女，卫家认为蔡文姬“克死丈夫”，遭到嫌弃。蔡文姬不愿忍受这种歧视，不顾父亲的反对，愤而回家。

董卓死后，乘全国军阀混战之机，匈奴攻入关中地区，掳掠大量人口。蔡文姬也被掳到了南匈奴，被献给了匈奴左贤王，这一年，她23岁。左贤王对蔡文姬十分宠爱，蔡文姬也为他生下了两个儿子。但这种安定的生活仅仅持续了12年。12年后，曹操统一了北方，“挟天子以令诸侯”，在志得意满之余，他回想起少年时代的老师蔡邕对他的教诲，当得知蔡文姬被掳到了南匈奴时，他立即派周近做使者，携带黄金千两、白璧一双，把她赎回来。蔡文姬不得已再一次经受了“生离”之苦，告别了对自己恩爱有加的左贤王和两个天真无邪的儿子，回到故土。

回到故乡陈留的蔡文姬已无栖身之所，在曹操的安排下，35岁的蔡文姬又嫁给了屯田都尉董祀。当时的董祀正值鼎盛年华，又是生得一表人才，通书史，谙音律，自视甚高。对于娶一位两次嫁人的女子非常不满，但迫于曹操的授意，只好勉为其难地接纳了她，但对蔡文姬颇为冷淡。哪知刚过了一年，董祀犯了法，判了死罪，就快要执行了。当时正是冬天，蔡文姬顾不上梳头，光着脚来到曹操的丞相府求情。正巧曹操在大宴宾客，公卿大夫济济一堂。曹操听说蔡文姬求见，就想让大家见识见识这位才女。蔡文姬披散头发，赤着双脚，一进来就跪在曹操面前，替丈夫请罪。曹操

听完了她的申诉说:“你说的情形的确值得同情,但是判罪的文书已经发出去了,有什么办法呢?”蔡文姬又说:“大王马房里的马成千上万,手下的武士多得像树林,为什么不肯派出一个去拯救快死的人呢?”在座的宾客都非常感动,曹操也受了感染,派了名骑兵追上去,赦免了董祀的死罪。从此以后,董祀感念妻子的恩德,开始善待文姬。夫妻二人在洛水上游,风景秀丽、林木繁茂的山麓定居下来。若干年以后,曹操狩猎经过这里,还曾经前去探视。

一般认为,就在蔡文姬动身返回汉地之前,她创作了古琴伴唱的骚体长诗《胡笳十八拍》,叙述了自己的不幸遭遇。这首乐曲也被送行的匈奴人学会了。南匈奴人在蔡文姬去后,每于月明之夜卷芦叶而吹笳,发出哀怨的声音,模仿蔡文姬的“胡笳十八拍”,成为当地经久不衰的曲调。

蔡文姬死后,董祀念及她的恩德,也经常弹奏这首曲子缅怀她,从此这首乐曲也在中原士人中间流行开来。

现在我们看到的长诗《胡笳十八拍》,保存在宋郭茂倩《乐府诗集》当中,长达1297字。但对于这首诗是否就是蔡文姬所作的那一首,争议一直很大。

全诗共18段,每一段即一“拍”。第一拍描摹“乱离”的背景;第二拍写“被掳”;从第三拍到第十一拍的主要内容是写思乡之情;第十二拍表现的是接到归汉消息后的矛盾心情;第十三拍写骨肉分离;第十四拍以后都是相思的内容。

现在保留的古琴曲中也有《大胡笳》、《小胡笳》、《胡笳十八拍》琴歌等多种。这些古曲的曲调虽然各不相同,但基本内容都是反映蔡文姬思念故乡而又不忍骨肉分离的极端矛盾的痛苦心情。音乐风格也都是委婉悲伤，撕裂肝肠。

蔡文姬还另外创作了一首《悲愤诗》，是中国诗歌史上第一首自传体的五言长篇叙事诗。

汉代的胡笳后来在中原地区逐渐失传。到了唐代，盛行以羊骨或羊角为管、管身无孔的哀笳，管身比胡笳较短。这种哀笳用于卤簿鼓吹乐，流行于塞北及河西走廊一带，一直流传到宋代以后。

胡地的胡笳后被蒙古族继承下来。满清皇室曾在宫廷中提倡“四方乐”，就从新疆阿勒泰地区抽调蒙古乌梁海部到科尔沁草原，组成蒙古喀喇沁王府乐队，这就是清朝宫廷的“蒙古笳吹部”。使用的胡笳，木管，三孔，长二尺四寸，并模仿哀笳形制两端置角，形如细而长的喇叭，管口上端施角，改双簧为边棱吹奏，管口下端接有向上弯曲的角制喇叭口，用以扩大音量。此后，这种胡笳一直在内蒙古各地王府乐队中使用。最后取消了两端的羊角，成为今日的胡笳，仍流行于内蒙古自治区、新疆维吾尔自治区伊犁哈萨克自治州阿勒泰地区。在蒙古族民间，又把它称为潮尔或冒顿潮尔，即通称的“阿勒泰胡笳”，深受普通牧民的喜爱。

胡笳

胡笳演奏时，管身竖置，双手持管，两手食指、中指分别按放三个音孔。上端管口贴近下唇，吹气发音。

可发出十二度的五声音阶。多运用喉音吹奏，常用喉音与管音结合同时发出声音，或用喉音引出管音。

胡笳有相当的表现力，发音柔和、浑厚，音色圆润、深沉，富有悠远的穿透力，尤其善于表现凄怆、哀怨的情感，很符合游牧民族英勇剽悍的个性及牧马吹奏的特色。可用于独奏、器乐合奏或乐队伴奏，是富有浓郁民族色彩的吹奏乐器。

2. 唢呐

唢呐是由波斯传入中国的乐器，大约在公元三世纪在中国境内出现。西晋时期的新疆拜城克孜尔石窟寺第38窟中的伎乐壁画已有吹奏唢呐形象，至700多年前的金、元时代，传到中国中原地区。明代正德年间（1506～1521年），唢呐已在中国普遍应用。明将戚继光（1527～1587年）曾把唢呐用于军乐之中。明代后期，唢呐已在戏曲音乐中占有重要地位，用以伴奏唱腔、吹奏过场曲牌。而在以戏曲音乐为基础的民间器乐中，唢呐也成为离不开的乐器。清代唢呐在宫廷被列入回部乐，也用于大驾卤簿。最晚在16世纪，唢呐已经在我国民间流传，多用于婚丧喜事的吹打乐队中，也用作民间歌舞和戏曲的伴奏乐器。这种乐器在波斯语中的名字叫Surna，音译过来就是唢呐。还曾译作“锁呐”、“苏尔奈”、“锁奈”、“唆哪”等名。

唢呐又名喇叭，也称号笛。因两端都用铜制，又称“金口角”。在台湾民间称为鼓吹，广东地区还将之称为“八音”。唢呐的结构非常简单，其管身为木制圆锥形，管上开八孔（前七后一），第七孔音与筒音的超吹音相同，第八孔音与第一孔音的超吹音相同。上端装有细铜管，铜管上端套有双簧的苇哨，木管下端套有

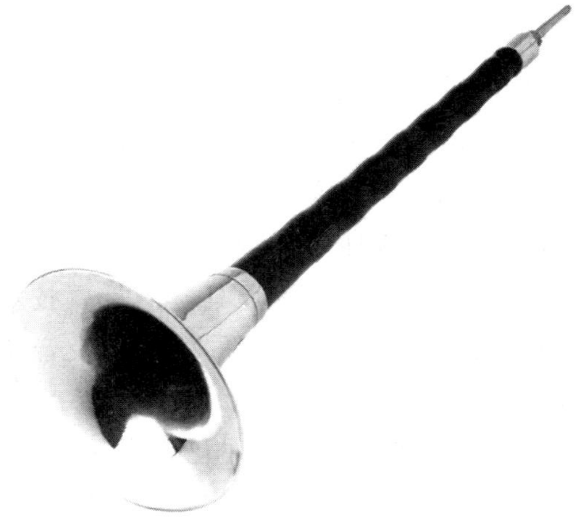

唢呐

一个铜质的碗状扩音器。传统唢呐按音域及形制大小可以分为小唢呐（又称海笛）、一般高音唢呐，以及大唢呐，每一种又可以分为各种调性的唢呐，例如G调小唢呐、F调小唢呐、D调高音唢呐、C调高音唢呐、G调大唢呐等等，其中最常用的是D调高音唢呐。这种唢呐的低音区略带沙沙声，发音厚实；中音区的音色则是刚健、明朗，最擅长各种技巧的演奏，极富艺术的表现力和感染力；高音区的发音响亮，畅快淋漓；最高音则尖锐、刺耳，把握不好就会变成难听的噪音，因此很少使用。现代改良的加键唢呐，增加了按键及半音孔，把传统唢呐十七度的音域扩展到十八度，加强了音准的稳定性，表现力更为丰富。

唢呐在中国历史悠久，流行广泛。它的演奏技巧丰富，表现力较强。吹奏时由嘴巴含住芦苇制的哨子（亦即簧片），用力吹气使之振动发声，经过木头管身以及金属碗的振动及扩音，就成为唢呐发出来的声音。唢呐的音色开朗豪放，高亢嘹亮，音量大，富有穿透力，适于表现热烈欢快的音乐风格。也有不少民间艺人能用双唇压紧哨片，控制气息，吹出柔润的弱音（也称“箫音”），刚中有柔，柔中有刚，可以表现抒情或悲哀的情绪。唢呐几乎能演奏所有管乐的技巧，甚至能模仿人的唱腔、鸟的鸣叫等等奇妙的声音。如果把唢呐的几个部分拆开吹奏，甚至还能分别模仿不同的人物角色，老生的苍老低沉，花旦的俏皮灵动，武夫的粗鲁莽撞尽在其中。

唢呐的最大特色，在于其能以嘴巴控制哨子作出音量、音高、音色的变化，以及各种技巧的运用，这使得一方面唢呐的音准控制十分困难，另一方面则使得其音色音量的变化大，且可藉由音高的控制，作出很圆满的滑音，这些都使得唢呐成为表现力很强的乐器。而哨子的调整功夫，也因此成为唢呐演奏者必须具备的重要技术，除了哨子状况的好坏会影响省力与否及音准之外，视不同的曲子及音色需求，也必须以不同的方式作哨子的细微调整。

经过不断发展，唢呐已成为深受广大人民喜爱和欢迎的民族乐器。现在，唢呐既是一件具有特色的独奏乐器，也广泛应用于民间的婚、丧、嫁、娶、礼、乐、典、祭及秧歌会、鼓乐班和地方曲艺、戏曲等的伴奏。新中国非常

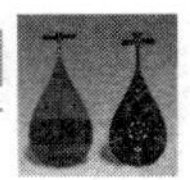

重视唢呐演奏艺术的传承与保护，2006 年 5 月 20 日，经国务院批准，唢呐艺术列入第一批国家级非物质文化遗产名录。

中国有 20 多个民族流行唢呐，流行地区不同，其称呼也各不相同，仅在汉族地区就另有大笛叽呐、乌拉哇、暖子、梨花等多种名称。各地的唢呐都不尽相同，所用的哨也不同，有芦苇的，有麦秆的，也有用褐紫色胶性虫壳的（但吹起来非常软），音响可谓别具一格。广东、广西、福建、湖南和江西等地流行的小唢呐杆长往往在 22 ~ 30 厘米之间，音色柔和，最适合用来独奏或合奏。江苏、浙江和安徽一带流行的中唢呐杆长 32 ~ 40 厘米，音量不大不小，非常悠扬。长度不到 20 厘米的海笛也主要在这一地区流行，它玲珑小巧，发音却尖锐响亮。东北、山海关和冀东一带的大唢呐杆长 42 ~ 57 厘米，声音低沉宏大。流行于河北、河南和山东一带的“大杆子”杆长 50 厘米，声音清脆明亮。还有一种比较特殊的闽西大唢呐，通常两支一起合吹列奏，分别称为“公吹”和“吹”。两支唢呐构造相同，只是在长度和粗细上略有差别，“公吹”短“吹”长，“公吹”细“吹”粗，“公吹”的音色甜美，“吹”的发音低而浑厚，配合在一起，天衣无缝。

我国少数民族地区的唢呐，比如朝鲜族长唢呐、苗族唢呐、白族唢呐、彝族唢呐，还有一些在各个民族有不同的名称，如藏传佛教称得梨，维吾尔族称苏尔奈，黎族称抹轰，蒙古族称苹什库尔、那仁苹槖格等等。

唢呐又是一件世界性的乐器，流布于亚、非、欧三大洲的 30 多个国家，不同国家也有不同的称谓：东北亚的日本称茶留米罗；朝鲜、韩国则称太平箫；东南亚诸国称沙喇沙鲁呐；缅甸有一种体型较大的称聂兜姜；中亚的达吉斯坦（属俄罗斯）、格鲁吉亚、阿塞拜疆、亚美尼亚等国称祖尔奈或素尔奈；南亚的伊朗、印度、阿富汗等国家分别称锁钠、沙呐、祖尔呐；西亚的阿曼、科威特、叙利亚等国称斯勒依；北非的埃及、阿尔及利亚等国分别称米兹玛尔、祖尔呐、祖喀呐；而欧洲的罗马尼亚、南斯拉夫、阿尔巴尼亚称苏尔勒，俄罗斯称祖尔呐等等。

少数民族的双簧气鸣乐器

我国少数民族也有许多类型的双簧气鸣乐器，比如纳西族的波伯；朝鲜族的细筚篥和双筚篥；彝族的小闷笛和双管闷笛；藏族的嘉令；壮族的波列；黎族的拜；布依族的勒尤·勒浪和双勒浪；景颇族的洞巴；维吾尔族和乌孜别克族的阔诗乃依；苗族的长积；回、东乡、保安、撒拉、土、裕固等族的咪咪等等。

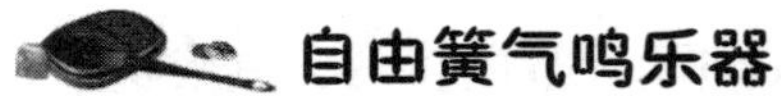

我国传统的自由簧乐器是笙和竽。

笙是中国最古老的乐器之一，在我国传统的“八音”乐器分类法中属“匏”类，也就是利用葫芦制成的乐器。在《尚书》和《诗经》中就已经有了相关记载。

笙由笙管（即笙体上的许多长短不一的竹管，也称“苗管”或“笙苗”）、笙斗（即连接吹口的底座）和笙簧三部分构成。笙管是若干长短不一的竹管，按照一定顺序排列，呈马蹄形插在一个带有吹嘴（也称“咮”）的笙斗上，竖起来看形如凤翼。笙管的腰部箍一“竹箍”（也称“孤篆”），一般居于中央最高一根是宫音管（也称“上箣”或“修挝”），它决定了每一支笙的基本宫调。有的笙还在笙管上镶嵌银丝来标识音高。每根笙管下端近斗

处都有一个指孔。簧片用蜡封粘装在每根笙管的下端的笙脚上，而笙管上端的一定部位有一长方形音窗（也称“内开穴”），从簧片至音窗的实际距离为耦合振动的有效管长。簧片的音高依据簧舌尖上点粘蜡珠的大小来调节。笙的簧很薄，须与空气柱耦合振动，兼具软簧性质。

远在3000多年前的商代，我国就已有了笙的雏形。在出土的殷墟甲骨文中已有“和”字，这个字后来也写作“龢”，即后世的小笙。最初的笙颇似排箫，既没有簧片，也没有笙斗，只是用绳子或木框把一些发音不同的竹管编排在一起，后来才逐渐增加了竹质簧片、匏质的笙斗和木质的吹嘴。春秋战国时期，笙已非常流行。1978年，中国湖北省随县曾侯乙墓出土了2400多年前的6支匏笙，虽然出土时均已残破，但这是中国目前发现的最早的笙实物。出土的曾侯乙笙，笙嘴为圆箭形木制；簧片为竹制，形状、制作和调音方法与今日的铜簧片完全一样；笙管数量不一，有12管、14管、18管三种，皆为偶数，与传世笙均为奇数不同；笙管的排列呈前方后圆的卫列式；笙斗为瓠制；斗身和管身都漆成黑底，并用朱砂绘制精美纹饰。曾侯乙笙的发现为研究笙的发展提供了新的资料。

秦汉以后，笙的形制变化很大，汉代以前的笙管多以芦竹或紫竹制作，簧片用竹制作，笙斗用瓠制作，汉以后，簧片渐改用铜制。隋唐时期，笙管的数量有所增加，有19、17和13簧多种；后来又流行一种17簧义管笙，这种笙在17支簧管以外另备两支“义管”供转调时替换用。后来19簧笙曾一度失传。唐代以后，由于吹奏者觉得葫芦笙斗体太费气、质脆易损，于是改为木制，并在斗的周围髹漆绘花纹。北宋景德三年（1006），宫廷乐工单仲辛制作19簧笙，此后19簧笙在宫廷和民间又得到了普遍的应用。明清以来，民间流行的笙有方、圆、大、小各种不同的形制，多为17簧、15簧、14簧（方笙）、13簧和10簧，以14簧、17簧最为流行。近现代产于苏州的苏笙和

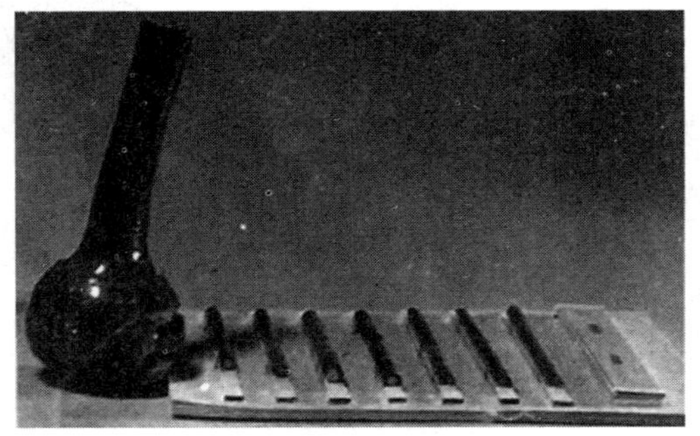

曾侯乙墓出土的笙

河南的方笙用木斗，产于山东的笙开始用铜斗。

北京智化寺保存的一件17簧笙，通高51厘米、笙斗高8厘米、直径8.5厘米，笙斗用牛角制作，可能是明代遗物。故宫博物院藏有清代宫廷所用的17簧笙，通高51.4厘米，木斗，另置长吹嘴，绘龙纹和云纹，笙管也刻有纹饰。

由于流传的年代久远，所以在我国不同地区，民间都有不同式样的笙。但传统的笙音域不广，一般只用于合奏或伴奏，很少用于独奏。新中国成立后，中国的乐器制造者和音乐工作者对笙进行了不断的改革，目前已经试制出21簧、24簧、26簧、36簧、37簧、42簧的笙以及小排笙、排笙（键盘笙）、扩音笙等多种形制，克服了传统笙音域不宽、不能转调和快速演奏不便等缺点，给笙带来了新的生命力。现代国乐团多使用36簧笙取代传统笙，并设有高音笙、中音笙、次中音笙和低音笙。如今，改革后的笙已发展成具有丰富表现力的独奏乐器，既能演奏雄健有力的曲调，也能奏出优美抒情的

笙

旋律。

笙在吹时用指按着竹管下端所开的孔，使簧片与管中气柱发生共鸣而发出乐音。演奏时，除单音外，大都用二音、三音或四音配成和声。笙的音色清越高雅、明亮甜美，音质柔和，歌唱性强；高音清脆透明，中音柔和丰满，低音浑厚低沉，音量较大。而且在中国传统吹管乐器中，笙也是唯一能够吹出和声的乐器。在和其他乐器合奏的时候，笙能起到调和乐队音色、丰富乐队音响的作用。在大型的民族管弦乐队里，有时还要同时用到高音、中音和低音三种笙。

中国的笙曾对西洋乐器的发展起过积极的推动作用，甚至可以不夸张地说：中国笙是后代所有自由簧乐器的鼻祖。中国笙很早就通过“丝绸之路”传到波斯，1777 年法国传教士阿米奥又将笙传到欧洲。1780 年，侨居俄国的丹麦管风琴制造家柯斯尼克首先仿照笙的簧片原理，制造出管风琴的簧片拉手，自此管风琴才开始使用音色柔和悦耳的自由簧。以后，自由簧乐器开始在欧洲兴盛起来。法国乐器制造家格列尼叶于 1810 年制成了风琴；德国乐器制造家布希曼 1821 年发明了口琴，次年又发明了手风琴，都是运用了自由簧的工作原理。

 2. 竽

竽也是我国古代的簧管乐器，形似笙而略大。

从春秋战国到汉代的文献中可以知道，笙和竽均为重要的宫廷吹奏乐器。但也有一些文献认为竽就是不同形制的笙，如《吕氏春秋·仲夏纪》高诱注就说：“竽，笙之大者”。

汉以前，笙和竽在宫廷中占据重要地位。相较而言，竽在宫廷中更受重用，还一度在贵族或市民中广泛地流行。在出土的西汉百戏陶俑和东汉石刻百戏画像中也多有吹竽的图像。南北朝到隋唐时

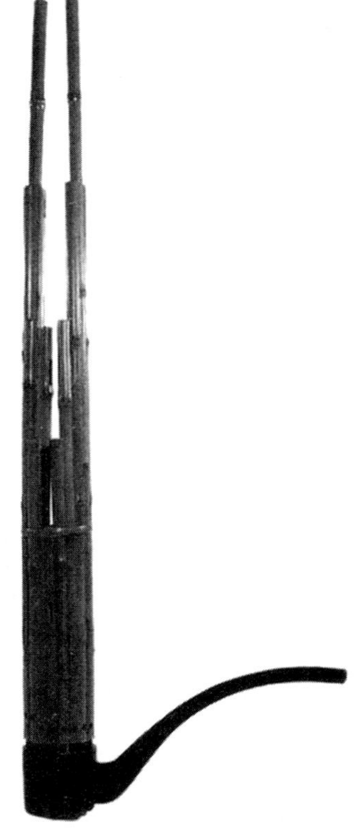

竽

期，竽、笙仍并存应用，但隋唐时期的竽一般只用于雅乐，在九、十部乐中已不用，而笙在隋九部乐和唐十部乐中的清乐、西凉乐、高丽乐、龟兹乐中均被采用。到了宋代，竽则销声匿迹，在教坊十三部中，只有笙色而无竽色。

《说文解字》记载竽为36簧，但并未获得实物证实。长沙马王堆一号汉墓中出土了一支竽，22簧，分前后两排。簧是用铜片制成的。从出土的文物中，也可看出竽在乐队中占有重要地位，主要用于产生低音。日本奈良正仓院收藏唐代竽三支。其中两支用吴竹制作，分别长87厘米和78.8厘米。另外一支用斑竹制作，长91.8厘米。三支竽斗均为木制，髹漆，17管，有细长的吹嘴。与当时的17簧笙相似。

知识链接

动物与乐器

或许是成语“对牛弹琴”对我们长期影响的缘故，人们往往以为乐器的声音对动物来说不会有多大反应。对驴、鸭子、乌鸦等动物来说也许是，但对许多其他动物来说，它们对乐器的声音却表现出种种滑稽可笑的行为反应。

奶牛——科学家发现了音乐对奶牛有催奶作用，确实能有效地提高乳牛的产奶量。

狗——狗对乐器声音的反应相差很大。有的狗对船形独弦琴特别着迷，当有人演奏船形独弦琴的时候，它会用后腿站立起来，聚精会神地欣赏演奏，而且站立的时间可长达一个小时以上。

鸽子——养鸽人常在鸽子身上挂一“鸽哨”，使它们在蓝天翱翔的时候会发出阵阵哨声，这并非鸽子喜欢音乐，而只是养鸽人自己的兴趣罢了。

然而也有真喜欢音乐的鸽子。18 世纪，伦敦有位律师叫霍金斯，他也是音乐史学家，又是古乐器收藏家。每当他在家里用羽管键琴演奏亨德尔的乐曲时，附近的鸽子就会从窝里飞落到他的窗前倾听，直到霍金斯的演奏结束后才会飞走。

老鼠——人们常形容某些人胆小如鼠，但老鼠有时候也会怕寂寞而跑出来听听音乐什么的。据说有一个曾在法国巴士底狱中供职过的狱卒，因寂寞无聊，以弹琉特琴来解闷和打发时间。每当这时，老鼠便出现在墙壁上，士官就猜想，难道老鼠也不耐寂寞？或是老鼠对琉特琴的声音特别有好感？

猪——有一次，一位手风琴演奏家背着一只手风琴走进了猪圈。出于好奇，她对着一群小猪拉响一个和弦，满圈的小猪立刻惊慌地逃窜，最后挤缩在一个角落里，十几双眼睛直愣愣地看着手风琴，仿佛灾难即将来临。

鹿——狩猎者常常用哨声诱捕鹿。但当人对鹿无恶意时，它们会有另一番表现。雌鹿听到琴声会竖起两只耳朵，似乎在认真倾听。一次。有人在鹿群经常出没的地方一面走一面吹风笛或拉小提琴，竟然有 20 多头雄鹿随着琴声聚集而来，跟随了很长一段路才离去。

虎——虎为林中之王，没听说过虎害怕比它小的动物的，但据说虎天生惧怕锣的声音。世界上第一个骑自行车环球旅行家是上海人，名叫潘德明。1930 年 6 月 28 日，当时 22 岁的潘德明出发旅行，当他到达印度时，要宿于野外，当地人很钦佩，恐怕他会遇到老虎，便告诉他，虎怕锣声，并给了他一面锣防身。年轻人把自己绑在一棵大树高处露宿，第二天清晨醒来，发现一只老虎在树下正虎视眈眈地等候着他。他赶紧取下挂在树枝上的锣连连猛敲，于是那只老虎便逃走了。

科学家在实验室研究得出的结果表明，当动物受到20～30赫兹振动时，其折断的骨头愈合会加快。

第四章

弹拨乐器

弹拨乐器，是用手指或拨子拨弦、用琴竹击弦而发音的乐器。

中国弹拨乐器的历史悠久，种类形制繁多，是极富特色的一类弦乐器。远在三千年前的周代，就已有琴、瑟等乐器，随后陆续产生了或输入了周末战国时的筑、筝，秦代的弦鼗，汉代的箜篌、阮，隋唐的琵琶，元代的三弦，明代的扬琴等等。

第一节 拨弦乐器

我国的拨弦乐器分横式与竖式两类。

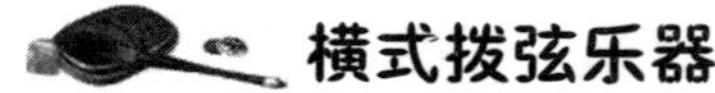

横式拨弦乐器

1. 古琴

古琴是中国最古老的弹拨乐器之一，亦称瑶琴、玉琴、七弦琴，本世纪初为区别西方乐器才在“琴”的前面加了个“古”字，被称作“古琴”。古琴音乐追求清淡、和雅的品格，虚静高雅的韵味，体现了汉文化的丰富内涵和深远影响。弹琴者必须将外在环境与平和闲适的内在心境合而为一，以期达到心物相合、人琴合一的艺术境界。这种境界既符合儒家所提倡的中正平和，不追求声音华美富丽的外在效果，又符合道家崇尚自然、提倡自然天成，强调清静、无为和逍遥的内在精神。因此，古琴寄寓了中国传统文人士大夫凌风傲骨、超凡脱俗的处世心态，历来被视为文人雅士修身养性的必由之径。

传说中有“伏羲作琴”、“神农作琴”、“舜作五弦之琴”等说，虽然可不必尽信，但却可看出琴在中国有着悠久的历史。根据文献记载，先秦时期，古琴主要用于郊庙祭祀、朝会、典礼等雅乐，此外也一度盛兴于民间，深得人们喜爱，用以抒情咏怀。春秋时期，孔子酷爱弹琴，无论是讲学还是周游

曾侯乙墓出土的十弦琴

列国期间，都操琴不绝。湖北曾侯乙墓曾经出土距今有2400余年的古琴实物。

古琴一般长约三尺六寸五（约合120～125厘米），象征一年365天（一说象征周天365度）。一般宽约6寸（约合20厘米），厚约2寸（约合6厘米）。琴体下部扁平，上部呈弧形凸起，分别象征天地。整体形状依凤身形而制成，其全身与凤身相应（也可说与人身相应），有头、颈、肩、腰、尾、足。“琴头”上部称为额。额下端镶有用以架弦的硬木，称为“岳山”，又称“临岳”，是琴的最高部分。琴底部有大小两个音槽，称“纳音”，位于中部较大的称为“龙池”，位于尾部较小的称为“凤沼”。这叫上山下泽，又有龙有凤，象征天地万象。岳山边靠额一侧镶有一条硬木条，称为“承露”。上有七个“弦眼”，用以穿系琴弦。其下有七个用以调弦的“琴轸”。琴头的侧端，又有“凤眼”和“护轸”。自腰以下，称为“琴尾”。琴尾镶有刻有浅槽的硬木“龙龈”，用以架弦。龙龈两侧的边饰称为“冠角”，又称“焦尾”。琴底的一对“雁足”，象征七星；龙池靠头一侧有“天柱”，靠尾一侧有“地柱”。

制作古琴的材料首推桐木。可选择的具体品种有：泡桐、白桐、椅桐和青桐。其中泡桐，材色浅白，三五年即可成材，但木质疏松；青桐材色浅，木质细密坚实韧性较好，树龄较长、自然风化时间百年以上者为较好制琴材料，而且一般认为百年以内的新青桐音色透出不来，不宜制琴。其次为杉木。新杉木木材发白色，随着时间的推移木材颜色越来越黄，以发金黄色的木材最老，其有很浓重的清香味。还有一种所谓的“汉木”，专指出土的汉代棺椁木材，古人因其逾千年木色黝黑、松透而当作斫琴良材。

岳山、承露、轸池条、冠角（焦尾）、龈托、龙龈这些都是斫琴时就粘上的，多数采用紫檀木、老红木、花梨木等材料。琴轸、雁足的材料有木化石、象牙、玉石、紫檀木、老红木、花梨木等。

琴木定型以后，还要挂灰胎并上漆。灰胎以鹿角霜和八宝灰为最好，其次为瓦灰。传统的漆为中国大漆，也叫生漆，漆质坚韧光滑，有质感。现代的化学漆光亮度大，漆面手感生涩、易开裂，使用寿命最短，多为劣质练习琴使用。琴漆上面的断纹是古琴年代久远的标志。由于长年风化、长期演奏的振动以及木质、漆底的不同，可形成多种断纹，有梅花断、牛毛断、蛇腹断、冰裂断、龟纹断、流水断、龙鳞断等多种名目。有断纹的琴，琴音透澈、外表美观，所以更为名贵。古琴断纹成因复杂，多与制作过程中的漆胎处理和后期保存环境有关，断纹的出现是递增的过程。

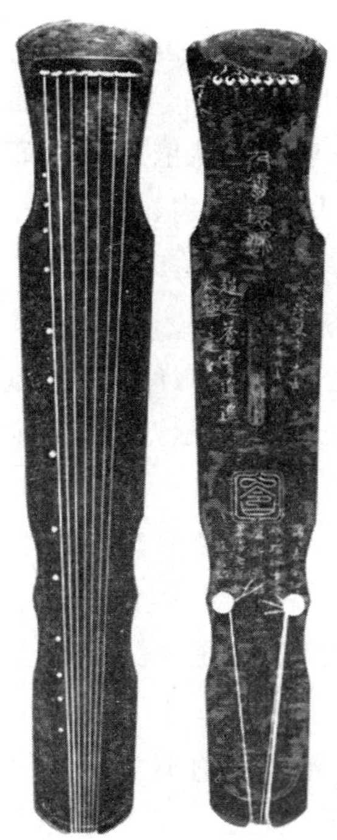
唐代名琴：九霄环佩

收藏古琴一般选择干燥墙壁垂挂，不宜长时间平放。古代的传世古琴由于年代久远木质疏松，若长时间平放，则容易造成“塌腰”；现代新制古琴则不用一定挂起，质量合格的琴平放几十年也不会塌腰。古琴作为乐器应经常弹奏为好，否则会使音色暗、涩，且会生虫存蛀损坏古琴。

古琴最初只有五根弦，内合五行，金、木、水、火、土；外合五音，宫、商、角、徵、羽。传说后来文王囚于羑里，思念其子伯邑考，加弦一根，是为文弦；武王伐纣，加弦一根，是为武弦。合称文武七弦琴。但曾侯乙墓出土的是10弦琴。

演奏时，将琴置于桌上，宽头朝右，窄头朝左，

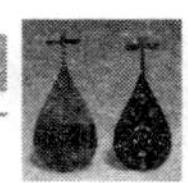

琴轸要悬空摆在桌子右侧外面。最细的弦朝向演奏者，徽位点和最粗的弦在对面。右手拨弹琴弦、左手按弦取音。

古琴的演奏技法繁多，右手有托、擘、抹、挑、勾、剔、打、摘、轮、拨刺、撮、滚拂等；左手有吟、猱，绰、注、撞、进复、退复、起等。由于琴没有“品”（柱）或“码子”，非常便于灵活弹奏，又具有有效琴弦特别长、琴弦震幅大、余音绵长不绝等特点，所以还有其独特的走手音。

古琴的音域为四个八度零两个音，表现力特别丰富圆润，运用不同的弹奏手法，可以发挥出很多艺术表现的特色。它的散音（空弦音）有七个，发音嘹亮、浑厚，宏如铜钟；泛音九十一个，音色透明如珠，丰富多彩，由于音区不同而有异。高音区轻清松脆，有如风中铃铎；中音区明亮铿锵，犹如敲击玉磬。按音一百四十七个，发音坚实，也叫“实音”，各音区的音色也不同，低音区浑厚有力，中音区宏实宽润，高音区尖脆纤细。按音中的各种滑音，柔和如歌，也具有深刻细致的表现力。

古琴在隋唐时期就已传入东亚诸国，并为这些国家的传统文化所汲取和传承。近代又伴随着华人的足迹遍布世界各地，成为西方人心目中东方文化的象征。1977 年 8 月，美国发射的“旅行者”2 号太空船上，放置了一张可以循环播放的镀金唱片，从全球选出人类代表性艺术，其中收录了著名古琴大师管平湖先生演奏的长达七分钟的古琴曲《流水》用以代表中国音乐。这首曾经由春秋时代著名琴家伯牙的弹奏而与钟子期结为知音好友的古曲，如今又带着探寻地球以外天体“人类”的使命，到茫茫宇宙寻求新的“知音”。

知识链接

“知音”的故事

相传晋国人俞伯牙曾跟随古琴名家成连学琴，尽管他勤奋用功，却终

不能达到神情专一的境界。于是成连带领伯牙来到蓬莱仙境，自己划桨而去。伯牙左等右盼，始终不见先生回来。此时，四周一片寂静，只听到海浪汹涌澎湃地拍打着岩石，发出崖崩谷裂的涛声；天空群鸟悲鸣，久久回荡。见此情景，伯牙不禁触动心弦，于是拿出古琴，弹唱起来。他终于体会到了这种天人交融的意境，终于成为天下鼓琴高手。

可是，因为俞伯牙演奏的水平与精神境界极为高远，能真正听懂他琴声的人并不多。直到有一天夜里，他正在弹琴时，一根琴弦突然断了。这时他才发现有一个人站在一旁静静地听琴（后人据此认为：如果有人偷听别人弹琴，琴弦就会断掉）。经过询问，得知这个人叫钟子期。伯牙继续弹奏起来。当他演奏描绘高山的乐曲时，钟子期就说："好啊，多么巍峨的高山啊！"当演奏描绘流水乐曲时，钟子期又说："好啊，多么浩瀚的江河！"总之，只要是伯牙弹奏出来的音响，子期都能准确地指出并恰当地评论。

从此，俞伯牙把钟子期视为"知音"（这里的意思就是能理解自己音乐的人，是这个词最初的含义）。后来，钟子期病故，俞伯牙万分悲痛，他来到钟子期的坟前，凄楚地弹起了古曲《高山》。弹罢，他挑断了琴弦，长叹了一声，把心爱的琴在青石上摔了个粉碎。他悲伤地说："我唯一的知音已不在人世了，这琴还弹给谁听呢？"从此以后终生不再鼓琴。

后来，人们就用"知音"来形容朋友之间的情谊，特别是形容两个人志趣相投，对彼此内心深处的思想能够完全理解并相当默契。

2003 年 11 月 7 日，联合国教科文组织在巴黎总部宣布了世界第二批"人类口头和非物质遗产代表作"，中国的古琴名列其中。2006 年 5 月 20 日，古琴艺术经国务院批准列入第一批国家级非物质文化遗产名录。

古琴造型优美，名目繁多，主要根据琴项、琴腰形制的不同来区分。常见的十四个琴式为：伏羲式、仲尼式、连珠式、落霞式、灵机式、蕉叶式、

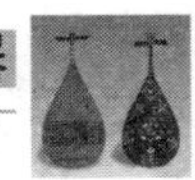

神农式、列子式、伶官式、响泉式、凤势式、师旷式、亚额式、鹤鸣秋月式。

2. 筝

筝，又称古筝、秦筝，是一种中国传统弹弦乐器。

筝身实际上就是它的共鸣箱，外形近似于扁长方形，由面板、底板和两个边板组成。面板以放置多年、质地干松的梧桐木制作，面板中间被箱内的音桥支撑，稍微突起，并增强共鸣效果。筝头用木、紫檀或其他较坚实的木料制成，通过穿弦孔固定琴弦。筝脚缓缓下落，主要用于安装琴钉，并在造型上起着与筝头对称平衡的作用。边板可用水曲柳、红木、枫木或其他杂木制成。底板也用梧桐木制作或者用其他的硬质木料制作，呈平面或近似于平面。筝身上有三个出音孔，筝头的侧面有一个，底板上有两个，一个在底板的中部，一个在底板接近筝尾处。

面板上张设筝弦。传统上使用丝弦，现代一般采用钢弦或缠弦（以钢弦

古筝

为芯外缠钢丝或丝线）。在每条弦下面设筝柱，或称雁柱，又称码子，一般用木制作，也有用红木、牛骨、塑料、象牙制成的，顶端镶有一个小骨片，在骨片上刻槽，以稳固筝弦。码子是筝弦和面板的传振支柱，可以左右移动，用来调整音高，且可用于转调；有时也稍作前后移动，以适当调整音质。用于上弦的琴钉也称肖子，它可以调整弦的松紧，控制音的高低。也有的筝用硬质木料制成弦轴上弦。

面板上有两个岳山，也称木梁或山口，随面板的前后圆弧而自然成弯弧形，与面板基本上成九十度角。在面板与筝头连接处的叫前岳山，上端镶有一条骨片或铜丝，以使发音悦耳；在面板与筝尾连接处的叫后岳山。岳山起着载弦的作用，也起着某些传递声音的作用。岳山与码子高度的比例关系到音准以及音色、定调等方面的问题，因此，必须用恰当的比例才能使筝的发音有良好的效果。

筝是我国古老的弹拨乐器之一，流传至今已有两千多年的历史，故被俗称为“古筝”。春秋战国时期，筝已在今陕西地区流行，因当时这一地区为秦地，故史称秦筝。传说秦人婉无义死后，以一瑟传二女，二女争夺，破为两片，故名为“筝”。筝本为 5 弦，后增至 9 弦，战国末期发展为 12 弦。唐以后增为 13 弦，明、清以后 15、16 弦。新中国成立后，至 20 世纪 60 年代渐增至 18 弦、21 弦、25 弦不等，目前以 21 弦筝最为普及。

演奏时，筝头在右侧，远离演奏者的第一弦是筝的最低音。传统的演奏方法只用右手拇指、食指、中指，偶尔用无名指弹弦，左手按弦。现代则用左右手的拇指、食指、中指，无名指弹奏。

古筝音域宽广，音色清亮优美，音质浑厚，音量宏大，表现力丰富，被誉为“东方钢琴”，一直深受我国大众喜爱，也对周边少数民族产生了影响。流行在我国内蒙古锡林郭勒、鄂尔多斯一带的雅托葛，又称蒙古筝，面板用杨木制成。朝鲜族的伽倻琴，相传是伽倻国嘉悉王仿照中国汉筝制成，从新罗时代至今已有 1500 多年历史。

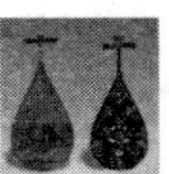

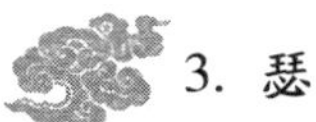

3. 瑟

瑟是中国古代的拨弦乐器。最早的瑟有五十弦，故又称“五十弦”。瑟的起源十分久远。先秦便极为盛行，汉代亦流行很广，魏晋南北朝时常用于相和歌伴奏，隋唐时期用于清乐。唐以后则只用于宫廷雅乐和祭祀音乐，民间渐少使用，竟至失传。

现代考古发掘中发现了许多周、汉时期的古瑟，在考古发现的弦乐器中所占的比重最大。其中湖南长沙浏城桥一号楚墓（约为春秋晚期或战国早期）出土的瑟，是目前所知年代最早的实物。此外，河南信阳、湖北江陵等地楚墓、湖北随县曾侯乙墓、长沙马王堆一号汉墓都出土有瑟，弦数二十三至二十五弦不等，以二十五弦居多。其中仅曾侯乙墓就共出土瑟十二具。但出土的古瑟多残缺不全或柱位不详，只有长沙马王堆一号汉墓出土的瑟保存完好。从这些出土实物身上，可以使我们清楚地知道古瑟的形制。

古瑟的身多用整段榉木或梓木斫成，面稍隆起，体中空，体下嵌底板。瑟面首端有一长岳山，尾端有三个短岳山。尾端装有四个系弦的枘。首尾岳山外侧各有相对应的弦孔。另有木质瑟柱，施于弦下。马王堆瑟也是二十五弦，由三个尾岳分成三组，计内九、中七、外九。弦的粗细配置分为两组，外九弦为一组，中七弦与内九弦为另一组，内外九弦的柱位较规则，呈阶梯形的序列。粗弦为牛筋弦，细弦为丝弦。

唐宋以来文献所载和历代宫廷所用的瑟，与古瑟相比，在形制、张弦、

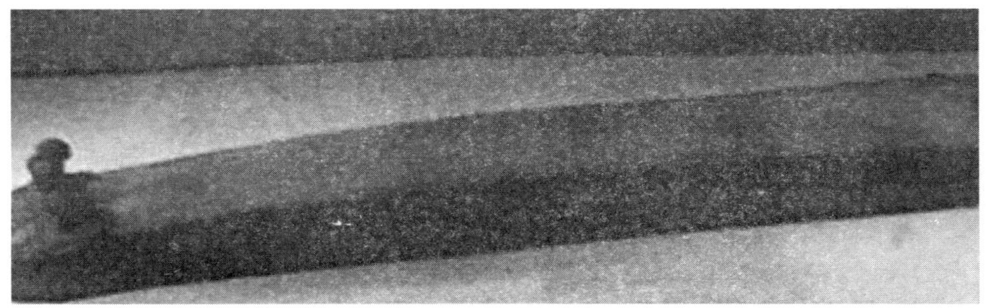

曾侯乙墓出土的瑟

调弦法诸方面已有较大的差异。至清代所制之瑟，已由面板、底板和框板胶合成长方形的共鸣箱。琴弦用丝弦，架子琴首岳山（首岳）和尾端岳山（尾岳）上，每弦都支有一个可以左右移动的雁柱，用以调节弦长，确定音高。

知识链接

八音盒

拧紧了发条的“八音盒”会传出宁静、幽雅的琴声，它会令你顿时定下心来聚精会神地倾听。“八音盒”的琴声犹如童话“小人国”里的钢琴声，颇能引发孩子们的遐想。

八音盒的原理很简单，它内部的发音部件形如齿片斜排列的梳子，不过它是用金属制成的，拨动每一个齿片都会发出一个音高。拨动齿片的是一个金属滚筒上的密密麻麻的短钢针，钢针被制作成排列好的先后顺序，拧紧发条，带动滚筒，滚筒上的钢针就会按程序有规则地拨动齿片，自动演奏出美妙的乐曲。它的音色纯净透明，引人入胜。生产商常常把它设计成各种不同的外形玩具，以博得孩子们的喜爱。

在日本京都大分县九住町开放的町立美术馆曾展出过一台世界上最大的八音盒。它高约5米、宽约7米、约有1.5吨重，外观相当华丽，音质动人。这台八音盒制作于1913年的比利时，原来由英国约克市一家博物馆收藏，后来被日本山梨县清里市的八音盒博物馆购得，八音盒内的风琴、木琴、钹等乐器在机械装置的带动下配合默契，能演奏五十多首古典乐曲。

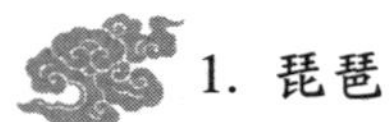

竖式弹拨乐器

1. 琵琶

琵琶是我国的民族乐器。它被人冠以诸如“民乐之王”、“弹拨乐器之王”、“弹拨乐器首座”之类耀眼的称谓。

但在中国古代，琵琶一词的含义非常广泛。它包括后世多种不同的乐器。源自中国本土的琵琶，最早大约在秦代出现。东汉刘熙的《释名·释乐器》最早记载了这种乐器，并揭示了其名称的来源：因为这种乐器在弹奏时，向前弹出称作批，向后挑进称作把，因此命名为“批把”，后写作“琵琶”。其实这种琵琶是我国本土产生的“直项琵琶”，在秦、汉时期有被称作“秦汉子”，是直柄圆形共鸣箱（双面蒙皮）。它是由秦末鼗鼓的变种——弦鼗发展而来的。这些乐器形状类似，大小有别，像现在的柳琴、月琴、阮等，最早都可以追溯到这类乐器。本为印度乐器的琵琶，南北朝时，随着中国与西域民族商业和文化交流的加强，通过丝绸之路经龟兹传入内地。在唐朝以前，琵琶是汉语对所有琉特琴族弹拨乐器的总称。这种乐器就是“曲项琵琶”，是因其头部向后弯曲，有别于直颈圆形的秦琵琶而得名。它盛行于北朝，公元6世纪上半叶传到南方长江流域一带。在隋唐九、十部乐中，曲项琵琶已成为主要乐器，对盛唐歌舞艺术的发展起了重要作用。从敦煌壁画和云冈石刻中，仍能见到它在当时乐队中的地位。这一时期的琵琶都是横抱，用拨子演奏。到了唐代（7～9世纪）琵琶的发展出现了一个高峰。当时上至宫廷乐队，下至民间演唱都少不了琵琶，成为当时非常盛行的乐器。到了唐代后期，琵琶从演奏技法到制作构造上都得到了很大的发展。在演奏技法上最突出的改革是由横抱变为竖抱，由手指直接演奏取代了用拨子演奏。

这种后来传入中国的曲项琵琶，后来颈部逐渐加宽，下部共鸣箱也由宽变窄。经历代演奏者的改进，形制渐趋于统一，成为今天常见的琵琶。

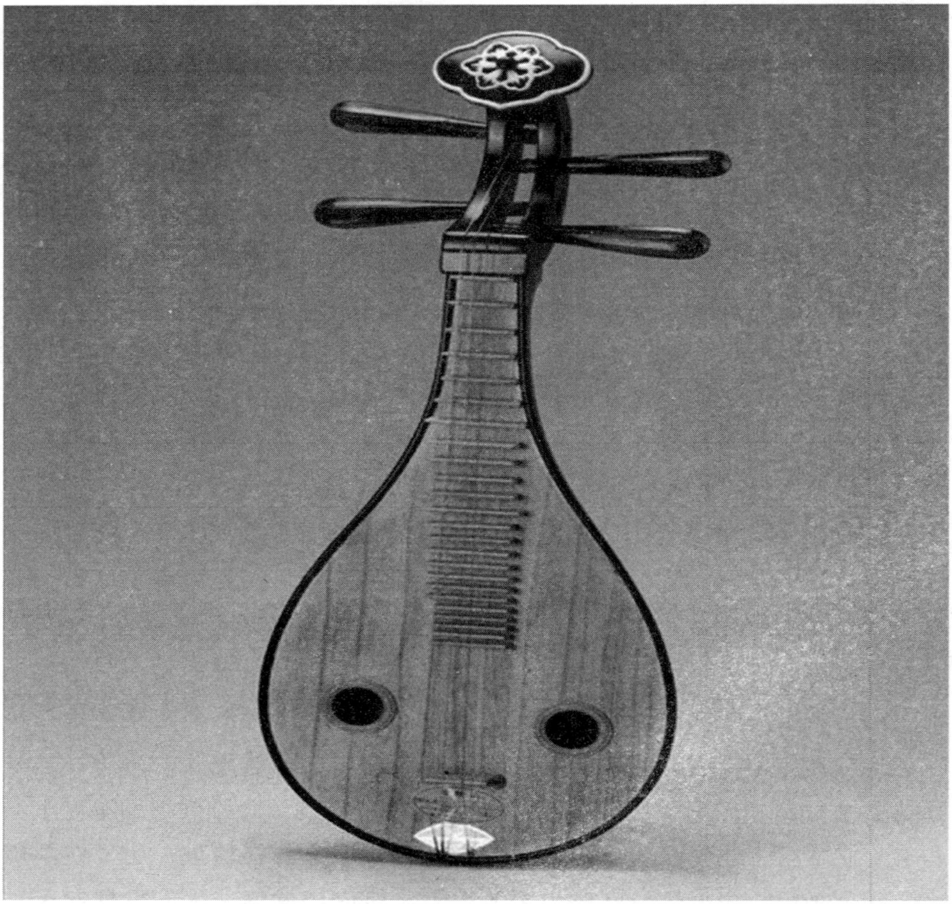

琵琶

这种琵琶为木质，头部有“弦槽”、四只“轸子（即弦轴）”、“山口”等组成。颈的上端叠出部称“枕”。颈的中下部与身的面板上设用以确定音位的“相”和“品”，共六相二十四品。琵琶的身部，即音箱上狭下阔，底呈半圆，呈半梨形。张四弦，系在下端“覆手”的四个小孔内，在覆手中央处的面板上，开有一个小孔，称作“纳音”或“出音孔”。弦原先用丝线制作，现在用钢丝、尼龙制成。身部背面，称作“琵琶背”，背的上端与头相接，背的中下部与面板相粘接。背料选材讲究，其中用紫檀、黑料、老红

木、花梨木、香红木等制成的是上品，这些木料制成的背板在弹奏中能发出自然泛音来；用白木制成的是普及品。腹内另有两条横档和几个音柱，安置在一定的部位处。

琵琶的泛音在各类乐器中堪称首位，不但音量大，而且音质清脆明亮。同时，琵琶发出的基音中也伴有丰富的泛音，这种混合发出的泛音能使琴声在传播中衰减小，具有很强的穿透力，在平静的空旷地弹奏时，用它演奏重强音时的琴声能传到二三里地以外。琵琶的音域广阔，高音区明亮而富有刚性，中音区柔和而有润音，低音区音质淳厚，是民乐中表现力最为丰富的乐器。

中国琵琶传到东亚其他地区，发展成现时的朝鲜琵琶、日本琵琶、越南琵琶和琉球琵琶。朝鲜三国时期的新罗从中国唐朝传入唐式琵琶，最初称为“唐琵琶”，现在称为朝鲜琵琶；日本在飞鸟时代从中国唐朝传入五弦琵琶，到奈良时代又传入四弦琵琶。五弦琵琶到平安时代初期仍在使用，四弦琵琶被日本人称为“乐琵琶”，是日本雅乐乐器之一，以半开扇形的拨子弹奏，后来又发展出平家琵琶、盲僧琵琶、唐琵琶、萨摩琵琶、筑前琵琶等种类，统称为日本琵琶；越南琵琶也是从中国传入，称为“弹琵琶”，常用于雅乐，直抱以手指弹奏；琉球琵琶由中国福建传入，具有福建南音琵琶的特征，又具有日本琵琶的特点，特异之处在于腹中有响线，摇动琴身时铿然有声。

知识链接

白居易与《琵琶行》

白居易是唐代伟大的现实主义诗人，字乐天，号香山居士、醉吟先生，河南新郑（今郑州新郑）人。

白居易生于一个小官僚家庭，少年时读书刻苦。唐德宗贞元十六年（800 年）中进士；十八年与元稹同举书判拔萃科并成为终生挚友；次年授秘书省校书郎；宪宗元和元年（806 年），登“才识兼茂明于体用科”，授县尉；四年，与元稹、李绅等倡导新乐府运动。

元和十年（815 年），44 岁的白居易因越职言事被贬江州（今江西九江）司马，并于次年在任上写下了著名叙事长诗《琵琶行》。

这首诗叙写作者被贬为江州司马时，一个晚上去江边送友人上船，偶遇一名昔日长安的名歌妓，听她弹奏琵琶并述说年长色衰后的漂泊沦落，由此发出“同是天涯沦落人，相逢何必曾相识”的感慨。

全诗叙述、描写事件简到不能再简，只用一个中心事件和两三个主要人物来结构全篇。而在最便于抒情的人物心理描写和环境气氛渲染上，却又泼墨如雨，务求尽情。作品以精选的意象来营造恰当的氛围、烘托诗歌的意境。“枫叶荻花秋瑟瑟”、“别时茫茫江浸月”等类诗句，或将凄冷的月色、淅沥的夜雨、断肠的铃声组合成令人销魂的场景，或以瑟瑟作响的枫叶、荻花和茫茫江月构成哀凉孤寂的画面，其中透露的凄楚、感伤、怅惘意绪为诗中人物、事件统统染色，也使读者面对如此意境、氛围而心灵摇荡，不能自已。

《琵琶行》所描绘的“大弦嘈嘈如急雨，小弦切切如私语，嘈嘈切切错杂弹，大珠小珠落玉盘”，“银瓶乍破水浆迸，铁骑突出刀枪鸣。曲终收拨当心划，四弦一声如裂帛”，是我国古典诗歌中描摹乐声的杰出段落。而且，这首诗还把乐声的摹写与人物遭遇的叙述有机地交错在一起，用情把声和事紧紧联结在一起，声随情起，情随事迁，使诗的进程始终伴随着动人的情感力量。全诗叙事流畅婉转，文字优美，是古代长篇叙事诗中的上乘之作。

2. 阮

阮是从先秦直项琵琶演化而来的乐器。相传魏晋时期，“竹林七贤”中的阮咸最善于弹奏这种乐器，因此被称为阮咸。

由于阮咸善弹和当时社会对竹林七贤的崇尚，这种乐器一时风行全国各地，成为独奏、合奏或为相和歌伴奏的主要乐器。在甘肃麦积山石窟浮雕和敦煌北魏壁画上，可以见到当时阮的形制与现在的已经很相似。唐代的阮发展得已比较完善，有四根弦，十三柱。宋人把阮由四弦增至五弦，称“五弦阮”，阮咸简称为阮就是从这时开始。元代以后，阮在民间流行开来，但又逐渐退化为两或三条弦，即使是四条弦，也是每两条同发一音，音域很窄，音阶也不完备。从20世纪50年代开始，新中国的音乐工作者对阮进行了一系列改革，恢复为最初的四弦，并均采用金属弦，音域扩展到三个八度以上，音量也得到增强；音箱为圆形，十二个音柱，半音俱全，可任意转调。

改革以后的阮具有小阮、中阮、大阮和低阮4种类型，自成一族。其中小阮是高音乐器，发音清脆、明亮，在乐队中常演奏主要旋律。中阮为中音乐器，音色恬静、柔和、富有诗意，在民族乐队中采用两个以上中阮分部演奏和声，会使弹拨乐器组的中音声部更为丰满。大阮是次中音乐器，发音坚实、雄厚而有力，在乐队中演奏旋律时，常与中阮作八度结合，以加强中阮效果。低阮是低音乐器，发音深沉而低厚，在民族乐队中，低阮只用于演奏和声的节奏或是经过简

阮

化的曲调，有时还作为低音拉弦乐器使用。

阮由琴头、琴颈、琴身、弦轴、山口、缚弦和琴弦等部分组成。琴头和琴颈是用两块硬质木料胶合而成，琴头顶端多饰以民族风格的雕刻，琴颈上粘有指板，指板上嵌有 24 个音品，品按十二平均律装置。琴身是一个呈扁圆形的共鸣箱，由面板、背板和框板胶合而成。在面板上胶有缚弦和开有出音孔。弦轴有 4 个，除用普通弦轴外，也可用齿轮铜轴。阮所用材料大致和琵琶相同。琴颈和琴身框板，还可使用椴木或杨木。面背板都使用桐木。指板用红木。弦轴可用红木、黄杨或黄檀等。

阮在盛唐时期流传日本。日本古都奈良东大寺正仓院中，至今还珍藏着一张唐代传去的螺钿紫檀阮。这张阮长 100.7 厘米，四弦、14 品，在圆形共鸣箱的面板上，开有两个圆形音孔并镶有音窗，腹部是一副四人奏乐图。琴颈和琴轸上，都有螺钿镶嵌，在琴箱的背板上，更嵌出美丽的花枝图案，并有两只飞翔的鸟雀。其工艺之精细，造型之秀美，为后世所罕见。

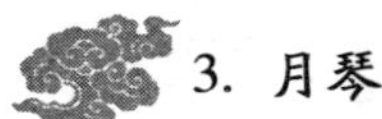

3. 月琴

月琴也是由直项琵琶发展而来的乐器之一，与阮的形制非常像，甚至可以说：月琴就是由阮演变来的。月琴这个名字在唐代已经有了，北宋陈旸的《乐书》也有记载，但只是作为阮的别名，以其音箱形圆似月而来；长期以来与阮不相区别，直到清代才琴颈变得短小，成为一种独立的乐器。

月琴结构和阮近似，都由琴头、琴颈、琴身、弦轴、琴弦和缚弦等部分组成，不同处是在琴身中胶有音梁和支有音柱、琴颈短小。月琴全长 62 厘米，音箱直径 36.3 厘米。

琴头、琴颈和音箱边框用红木、紫檀木或其他硬木制作。琴头和琴颈是用一整块木料，而音箱边框用六块规格一致的木板胶接而成。琴颈为方木，贯通音箱，上部开有弦槽，槽侧有安装弦轴的圆孔，琴颈下部和面板上设 7 ~ 12 个品位。面板和背板粘在边框两面，是月琴发音的共鸣板，用纹理顺直均匀、无疤节和木色一致的桐木制作。箱内在面、背板中间横置两道音梁，中间支两个音柱。月琴有四弦，每两弦同音。琴弦以尼龙缠钢丝弦最好，也可

用丝弦或尼龙弦。弦轴用黄杨木制作，外表刻有斜条瓣纹，方便拧转；拧转的一端还嵌有象牙或骨饰。缚弦用红木或竹子制作，粘在面板下部的中间。

月琴

月琴演奏时斜抱于胸前，左手持琴按弦，右手持牛角或骨头拨子弹奏。月琴的音量较小，音色清脆柔和，适合抒情性的说唱，可以烘托故事的气氛，亦是少数民族劳动之余、夜晚自娱、讴歌心声的乐器。

月琴可用于独奏、器乐合奏和为歌舞音乐伴奏。它还常用于戏曲、曲艺和歌舞伴奏，也用于合奏，是京剧文场三大伴奏乐器之一，与京胡、京二胡配合，是唱腔的主要三件头伴奏乐器。此外，在评剧、豫剧、楚剧、锡剧、桂剧和台湾歌仔戏等戏剧中，月琴都是重要的伴奏乐器。月琴也用于说唱音乐四川清音伴奏，这种曲艺形式是清乾隆年间由民歌小调发展而成的，深为四川人民喜闻乐见。

不仅在汉族地区，在中国的少数民族中间，月琴也是颇为流行的乐器。在彝族地区，月琴是民间歌舞的主要伴奏乐器，它还为50年代诞生的彝剧伴奏。在广西隆林，苗族常用月琴演奏器乐合奏曲或独奏曲。在素有“音乐之乡”誉称的湖南通道，侗族常用月琴与芦笙等乐器一起合奏。在云南大理，月琴被叫做“弦子”，是仅次于白族龙头三弦的弦鸣乐器，还用于白剧伴奏。月琴在彝族、哈尼族、苗族等少数民族人民的音乐生活中占有重要地位。

4. 箜篌

箜篌是十分古老的弹弦乐器，最初称“坎侯”或“空侯”，在古代实际上包括卧箜篌、竖箜篌、凤首箜篌三种乐器。

高句丽墓壁画弹卧箜篌图

卧箜篌与琴、瑟相似，但有品。远在春秋战国时楚国就已经有卧箜篌了。汉代卧箜篌被作为“华夏正声”的代表乐器列入《清商乐》中，当时有五弦十余柱，以竹为槽，用水拔弹奏。在古代皇室乐中，箜篌是不可缺少的，而且在演奏中还是主要的乐器之一。由于它有数组弦，不仅能演奏旋律，也能奏出和弦，在独奏或伴奏方面，都较其他乐器理想。辽宁辑安（今吉林集安）高句丽墓壁画所弹之乐器即是卧箜篌。卧箜篌曾用于隋唐的高丽乐中，以后在我国日渐销迹，至宋代后失传。但卧箜篌在朝鲜却得以传承，经过历代的流传和改进成为今日的玄琴。在日本卧箜篌因由当时的百济国（高丽、百济都为朝鲜古称）传入，称为百济琴。

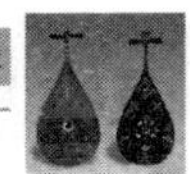

知识链接

不击自鸣的神秘钵磬

磬是寺庙里用的佛教法器，也称“钵磬”。应该说，钵是钵，磬是磬，钵磬为组合词，实际上它就是磬。但它与传统的石磬又不一样。形似钵的容器，大小不一，用铜浇铸，外面刻花纹或字，放置在佛堂的桌上，僧人诵经时用来伴奏，用一根木棍敲奏发音，声音如钟而平和、悠长。

洛阳的一座寺庙里有一种铜制的钵磬，不知什么原因，一到晚上，即使没有人敲它，也会时不时地发出声音来。寺庙里的一位僧人听了觉得很奇怪，怀疑是鬼怪在作祟，老是提心吊胆，于是便得了病。他请了江湖术士来帮他除鬼，而那些江湖术士用尽了各种办法，都无济于事，钵磬每天还是发出奇怪的声响。

这位僧人有个朋友叫曹绍夔，听说他病了，就来探望他，僧人向朋友诉说了得病的原因。不多时，寺庙里恰好敲击斋钟，那个钵磬自己又响起来了。曹绍夔明白了原来是这么一回事，就笑着对那僧人说：“我有办法，请你明天摆下酒席，我来设法制服它，以后不再会自鸣了。”僧人听后将信将疑地准备了一桌丰盛的宴席招待曹绍夔。曹在酒足饭饱之后，从怀里拿出了一把锉子，只见他在磬上锉弄了几处，从此以后，这只磬就不再自己响起来了，僧人的病也就此好了。僧人不知其中的奥妙，就去问曹绍夔。曹绍夔说：“你这只磬的音调和寺院里的钟的音调是相同的。凡发音的乐器，都有同声相应的道理，所以那边敲钟，就能引起这边磬的感应，没有谁去敲它，它也会发出声音的。”

竖箜篌的来源可以追溯到古代的亚述、巴比伦以及埃及、希腊等十分流行的竖琴，形如半截弓背，有曲形共鸣槽，设在向上弯曲的曲木上，并有脚柱和肋木，张着20多条弦，竖抱于怀中，从两面用双手的拇指和食指同时弹奏，因此唐代人称演奏箜篌又叫“擘箜篌”。东汉时代由波斯（今伊朗）传入我国一种角形竖琴，也称箜篌。为避免与汉族的箜篌混同，称竖箜篌，或“胡箜篌”。在汉魏壁画上多见到弹奏箜篌的人像，如敦煌莫高窟431窟弹奏的就是竖箜篌，它们完全与亚述浮雕上所见的竖琴相同。在我国，竖箜篌从14世纪后期不再流行，以致慢慢消失了，只有其中一种小箜篌流传下来。这种小箜篌又称角形箜篌，在清代失传以后，又于20世纪30年代得以复兴，到80年代经过不断地推陈出新，目前广泛应用于民乐独奏、合奏或伴奏之中。

凤首箜篌在东晋时自印度经中亚传入中原，明代后失传。因其以凤首为饰而得名。凤首箜篌形制与竖箜篌相近，其音箱设在下方横木的部位，呈船形，向上的曲木则设有轸或起轸的作用，用以紧弦。曲颈项端雕有凤头，今新疆克孜尔古窟38窟晋代思维菩萨伎乐所奏乐器即为凤首箜篌。凤首箜篌在隋唐用于天竺乐、骠国乐和高丽乐中。明代以后，这种乐器在中国失传。

第二节 弹弦乐器

筑

筑是我国古代的弦乐器，形似琴，有十三弦，弦下有柱。演奏时，左手

按弦的一端，右手执竹尺击弦发音。一般认为，古代乐器起源于楚地，在先秦时广为流传，但自宋代以后失传。千百年来，人们只见文献记载，未能一睹实物面貌。直到1993年，考古学家在长沙河西西汉王后渔阳墓中发现了实物，当时被文物界称之为新中国成立四十余年来乐器考古的首次重大发现。学术界也称这渔阳筑为“天下第一筑”。

知识链接

高渐离击筑送荆轲

高渐离是战国末年燕国人，是有文献记载的最早的击筑能手。高渐离与荆轲十分要好，两人经常一击一唱。公元前227年，荆轲奉燕太子丹之命到秦国去刺杀秦始皇，高渐离与太子丹送荆轲于易水河畔。高渐击筑，荆轲高歌“风萧萧兮易水寒，壮士一去兮不复还”，在场的人无不为之感动。

荆轲刺秦失败，激怒了秦始皇。他派大将王翦、王贲父子进攻燕国，太子丹被杀害，高渐离也被迫出逃。隐藏在宋子这个地方作佣工。有一次，他听到主人家堂上有客人击筑，走来走去舍不得离开。侍候的人把高渐离的话告诉主人，主人叫他到堂前击筑，满座宾客都说他击得好，赏给他酒喝。高渐离考虑到他长久隐姓埋名，担惊受怕地躲藏下去没有尽头，便公开了自己的身份。满座宾客大吃一惊，离开座位用平等的礼节接待他，尊为上宾，请他击筑唱歌。这消息最终被秦始皇听到。秦始皇召令进见，因为怜惜他擅长击筑，特别赦免了他的死罪，但薰瞎了他的眼睛。秦始皇听他击筑，没有一次不说好，渐渐地他更加接近秦始皇。高渐离便把铅放进筑中，再进宫击筑靠近时，举筑撞击秦始皇，但没有击中。于是秦始皇就杀了高渐离，终身再也不敢接近从前东方六国的人了。

扬琴

扬琴，又写作“洋琴”，也成为打琴、铜丝琴、扇面琴、蝙蝠琴、蝴蝶琴等。扬琴源自古代亚速、波斯等中东国家流行的萨泰里琴。这种乐器有梯形或长方形的琴箱，面板上张以几十条钢弦，在弦的2/3处支有条码，使每条弦发出五度关系的两个音。这种萨泰里琴至今仍在伊朗、伊拉克和叙利亚等国流传。明朝末年，由于我国和西亚、东亚间的友好往来日趋密切，萨泰里琴由波斯经海路传入我国，最初只流行在广东一带，后来逐渐扩散到中国各地。在传播过程中，又不断经过中国民间艺人的改造，最终演化成为中国的民族乐器——扬琴。清末以来，扬琴用于广东音乐、江南丝竹、扬州清曲、广西文场、常德丝弦、四川琴书、河南琴书、山东琴书、榆林小曲等乐种、曲种。

扬琴由共鸣箱、山口、弦钉、弦轴、马子、琴弦和琴竹等几个部分构成。共鸣箱是扬琴的形体，呈蝴蝶形或扁梯形，长90～97厘米、宽32～41厘米、高5.7～7厘米。它的框架用色木、桦木或榆木或其他硬质木材制成，前后两块侧板和左右两端琴头连接，上面的面板选用纹理顺直、均匀的鱼鳞松、白松或桐木，下蒙三层胶合板作为底板。左侧琴头设拴弦钩钉，右侧琴头置弦轴。面板两侧设红木制直线或锯齿形长木条，称为山口，用以架弦。共鸣箱

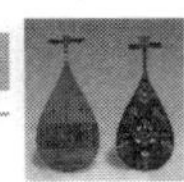

扬琴

里面，对应面板每个码子处都胶有一道音梁，它与面、底板和前后测板相连，使琴箱分成几个空间。在音梁板上开有四五个圆形孔洞，称作风眼，使共鸣后的音波在共鸣箱中对流，然后由音孔传出。在两山口下边，每边开有 4 ~ 5 个音孔，为圆形或长方形。面板上置 2 ~ 5 个用竹、红木或牛角制、呈峰谷状的条形琴码，左为高音码，右为低音码，凸出的峰部用以支弦，凹下的谷部有另一码上的弦通过。琴弦采用钢丝弦。高音部分为裸弦，低音部分用缠弦，系在裸弦上缠绕细钢丝而成。其中只有山口至码子的一段弦才是振动发部分。琴竹又有琴筧、琴签和琴棰之称，是两支富有弹性的竹制小棰，用以敲击琴弦发音。

扬琴在演奏时两手持琴竹轮流交替敲击，表现力极为丰富，可以独奏、合奏或为琴书、说唱和戏曲伴奏，在民间器乐合奏和民族乐队中在常充当“钢琴伴奏”的角色，是不可缺少的主要乐器。扬琴的音色明亮、清脆，音量

宏大，刚柔并济，具有鲜明的特点：慢奏时，音色如叮咚的山泉，快奏时音色又如潺潺流水。

新中国成立以后，经过民乐工作者的改进和创新，扬琴增添了很多新的品种，如变音扬琴、转盘转调扬琴、筝扬琴、全律活马大扬琴和电扬琴等，已经形成了一个“大家族”。

第五章

拉弦乐器

不论是在中国传统音乐、古代印度和阿拉伯音乐还是在西洋音乐当中，跟其他乐器种类比起来，拉弦乐器都算得上是小字辈。拉弦乐器出现得很晚。一般认为，拉弦乐器是在弹拨乐器发展相当完备以后，才在其基础上变化而来的。但自从其出现在乐器家族中以后，发展速度却是非常惊人的。到现在，活跃在世界各地音乐舞台上的拉弦乐器已经形成一个蔚为壮观的家族，并已经俨然成为乐器王国里的主角。

第一节 轧筝

变化了的筑

轧筝是中国自源产生的拉弦乐器，从起源上看，它是筑的后代，从形制到演奏方法，都是从筑变化而来的。

现在认为，最早在文字上描述过轧筝的是唐代诗僧皎然的《观李中丞洪二美人唱歌轧筝歌》。诗中写道："君家双美姬，善歌工筝人莫知。轧用蜀竹弦楚丝，清哇婉转声相随。"明确记载了制作轧筝的材质为"蜀竹"、"楚丝"，演奏方法为"轧用"。

知识链接

皎 然

皎然字清昼，吴兴（浙江省湖州市）人。他是唐代著名诗僧，生卒年

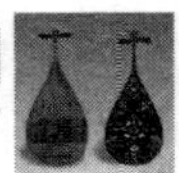

不详。皎然是他的法号，他俗家姓谢，是南朝著名诗人谢灵运的十世孙，活动于唐大历、贞元年间。皎然的诗收在《全唐诗》中的共有7卷，470首，诗风清丽闲淡，题材多为赠答送别、山水游赏等。他的《诗式》为当时诗格类作品中较有价值的一部。此外，他在佛学、茶学等许多方面有深厚造诣，据说他曾亲自指导过“茶圣”陆羽撰写《茶经》，并为其提供了很多便利条件。

《观李中丞洪二美人唱歌轧筝歌》是皎然所作七言古诗。全诗有不少对乐声歌声的描写。这首诗的主要意义在于反映了唐代已有轧筝这一拉弦乐器的事实。全诗为：

君家双美姬，善歌工筝人莫知。
轧用蜀竹弦楚丝，清哇婉转声相随。
夜静酒阑佳月前，高张水引何渊渊。
美人矜名曲不误，蹙响时时如迸泉。
赵琴素所嘉，齐讴世称绝，筝歌一动凡音辍。
凝弦且莫停金罍，淫声已阕雅声来。
游鱼噞喁鹤裴回，主人高情始为开。
高情放浪出常格，偶世有名道无迹。
勋业先登上将科，文章已冠诸人籍。
每笑石崇无道情，轻身重色祸亦成。
君有佳人当禅伴，于中不废学无生。
爱君天然性寡欲，家贫禄薄常知足。
谪官无愠如古人，交道忘言比前躅。
不意全家万里来，湖中再见春山绿。

吴兴公舍幽且闲，何妨寄隐在其间。
时议名齐谢太傅，更看携妓似东山。

《旧唐书·音乐志》中正式记载："轧筝，以竹片润其端轧之。"宋代陈旸的《乐书》有所绘轧筝图像，形制与筝、瑟相似，为长方形共鸣箱，面板上张弦数根，用细长竹片擦弦拉奏。此后，轧筝长期流行于民间，形制无明显变化。只是由于流传地域的不同而略有差异，在各地方言中也有不同的名称。总的来说，可分为大、小两种，弦数在 7 弦至 13 弦之间，演奏方式则有坐奏和行奏（立奏）两种。

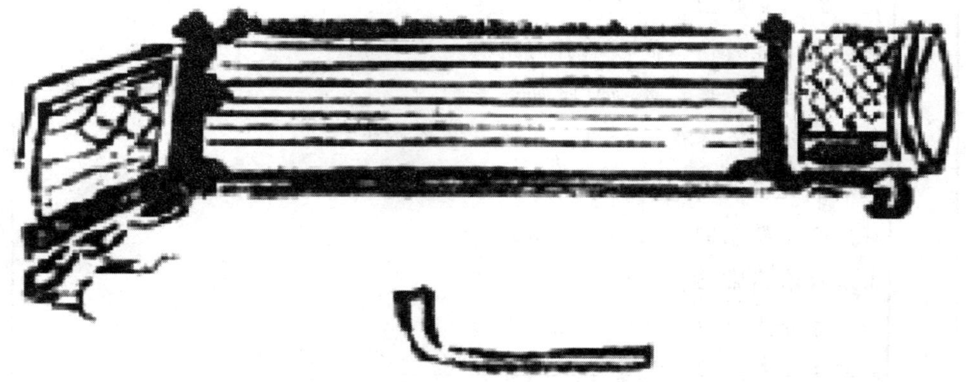

北宋陈旸的《乐书》所绘轧筝图

各地的特色轧筝

如在河北地区用于地方戏武安平调伴奏的轧筝，又名轧琴或轧筝琴。其面板和底板均用桐木制作，张弦 10 根，弦下设枣木柱，琴弓用高粱秆刮去表皮充当，以松香末擦奏，音色轻柔动听。

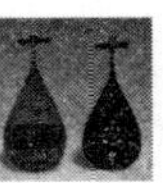

在福建莆田、仙游一带用于莆田“文十音”的轧筝，当地又称文枕琴或枕头琴；用于晋江“十番”的轧筝，又称为“床”，张丝弦9～11根，用芦苇秆擦奏。此外，吉林延边朝鲜族群众中流行的“牙筝”、广西壮族民间乐器“七弦琴”即瓦琴，都属于轧筝在当地的变化形式。

轧筝在演奏时，一般左手持琴，用小臂将琴托起，由手腕转琴以调整各弦与弓子的角度；右手执弓拉弦。

第二节 胡琴

从奚琴到胡琴

奚琴为唐代末年从我国北方奚族传入的一种乐器。奚族在南北朝时称库莫奚，居住在我国东北地区的西拉木伦河流域。唐末之时，一部分奚人西徙妫州（今河北省怀来县），别称“西奚”；居住在原地未迁居的相对称为“东奚”。五代十国时，东、西奚渐与契丹人相融合。

在唐宋时期，奚琴又称稽琴，既可以拉弦演奏，又可以弹弦演奏，两种方法并存。在陕西榆林石窟第十窟的壁画中，画有一飞天用马尾弓拉奏卷首、二轸、二弦、圆筒形琴筒的乐器。此窟年代约当西夏（1038～1227年）时期，即与中原的宋代相交错。在山西省繁峙县岩山寺蒙古时期的经幢（为“特赐广济大师之塔”）上，有一线刻乐器图形，一人正盘腿而坐，手持马尾弓拉奏。通过上述两幅图像，可以确认这种乐器在当时已经是拉

明嘉靖元年（1522年）尤子求的《麟堂秋宴图》画卷，图中右侧穿蓝衣背立老者演奏的就是奚琴，龙首、卷颈、二弦、马尾弓，而且有了用以固定弦长的千斤。

弦演奏了。南宋时，奚琴开始走上发展时期。当时文人的笔记、小说里也提到过这种俗称“二弦”的“轧”奏乐器。明代奚琴随着戏剧和曲艺的兴起而有所改进和发展，演奏形式也多种多样。清代，奚琴用于宫廷的瓦尔喀部乐和庆隆乐中。

由于中国古代对北方的少数民族统称为“胡族”，因此他们的食物、服饰、乐器、音乐等也都冠以胡字。直至唐宋之时，很多从西域和北方游牧民族传入的乐器都统称为胡琴。北宋以后，奚琴也被冠以“胡琴”的名号。最终，“胡琴”成了中国传统弓弦乐器的统称，原来的名字“奚琴”反而逐渐被人们遗忘了在历史长河中。在长期的历史过程发展中，胡琴的形制日趋多样化，品种越来越多，最终形成了一个庞大的乐器家族。

但是，奚琴这种古老的乐器并未随之消失。大约在元代，至迟不晚于明代，奚琴已传入朝鲜，后来成为朝鲜族人民所喜爱的拉弦乐器，至今仍流行于辽宁、吉林、黑龙江等省，尤以吉林省延边朝鲜族自治州最为

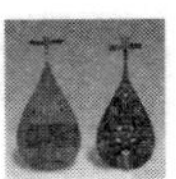

盛行。

朝鲜族奚琴由琴筒、琴杆、弦轴、千斤、琴马、琴弦和琴弓等部分组成，制作工艺非常讲究。琴筒为内径10厘米的毛竹或花梨木、色木制作，传统上有长筒形和半球形两种，经过改良，现在以长筒形居多，筒长13厘米。筒前口蒙振动面板，最初均采用长白山出产的木质和木纹俱佳的刺楸木，后逐渐改用梧桐木代替。筒后口置音窗或敞口。改良以后的奚琴还在琴筒下方增置了木制底托，使演奏中琴身更加平稳。奚琴最初不设千斤，只在琴筒面板正中置琴码?

琴杆又称立竹，原多用生长年限较长、竹节较多的乌斑竹制作，以竹根一端作为琴头，随竹节自然向后弯曲；现代改用圆柱状的乌木、紫檀、红木、花梨木或色木制作，上端呈弯月状向前或向后弯曲，呈锥形上下贯通插入琴筒。改良以后的奚琴还在琴杆后面增设了乌木指板。弦轴置于琴杆上部右侧，又称周兜，为木制圆锥体，长11厘米，改良以后增加了金属螺旋（又称直行铜轴)，可微调音高。传统的弦轴呈横八字形插入琴杆，现在则改为从前方平行插入。弦轴较粗的部位张两条较粗的丝弦。琴弦最初用蚕丝，现代改用钢丝。琴弓用木制弓杆，弓长80厘米，两端系以马尾。传统奚琴的全长达80～84厘米，现在缩短到65厘米左右。

奚琴在演奏时采用坐姿，将琴筒置于左腿上，左手持琴，传统演奏方式为“抓弦”，经过改良以后，改为用食指、中指、无名指和小指的第一关节弯曲处按弦。右手用五指握弓或拇指、食指、中指握弓，在两弦间拉奏。现代改良奚琴还汲取了一些小提琴的演奏手法，更为丰富多变。

奚琴能机动灵活地演奏各种乐曲，声音抑扬顿挫，连续自如，能惟妙惟肖地表现出喜怒哀乐等各种情感，特别用其演奏出的滑音，几乎就是语言声腔的再现。经过改良的现代奚琴，发音更加明亮、圆润，音色悠扬、悦耳，不仅音量增大，音域也增至三个八度。

日本帝国主义占领朝鲜、侵略中国以后，朝鲜族的民族文化遗产遭到严重践踏，奚琴艺术也被迫中断。新中国成立以后，延边朝鲜族人民的奚琴生产和演奏艺术又逐渐恢复和发展起来，许多朝鲜艺术家在国内外艺术舞台上表演的奚琴独奏，受到中外人士的热烈欢迎。

蒙古族胡琴又称胡尔，俗称西纳干胡尔，汉语直译为勺子琴，也称马尾胡琴，简称西胡。元代文献已经称其为胡琴。现在在内蒙古自治区东部科尔沁、昭乌达盟和辽宁、黑龙江等省的蒙古族民间仍然流行。

其结构和奏法均与朝鲜族奚琴近似，但形制较小。琴杆用色木或硬杂木制成，长 50 厘米。琴筒用木或金属制成，筒长 10 厘米，前口蒙以桐木薄板为面，面径 7 厘米。弦轴木制，圆锥形。张两条丝弦或肠衣弦。琴弓用竹片弯成弧形，两端系以马尾，弓长 40 厘米。

蒙古族胡琴历史悠久，形制独特，音色柔和浑厚，富有草原风味。可用于独奏、合奏或伴奏。

胡琴大家族

从唐宋至今，尤其是明清以来，随着各地区的地方戏曲和梆子戏的发展，为了适应不同戏曲的伴奏要求，人们不断创造，逐步繁衍出了各种各样的胡琴。此时，“胡琴”一词已成为拉弦乐器的通称。如为秦腔、豫剧等梆子戏伴奏的板胡，为京剧、汉剧伴奏用的京胡和京二胡，为粤剧伴奏的高胡，为潮剧伴奏的椰胡，为越剧、锡剧伴奏的二胡，河南坠子需要的坠胡，晋剧用的二股弦，湖南花鼓用的大筒，川剧用的盖板子，河南越调用的四弦，福建莆田戏用的枕头琴，还有流传到少数民族地区分化而成的蒙古说唱用的四胡、侗戏用的牛腿琴、壮剧用的马骨琴等等。百余年间形成了一个庞大的体系，除了上面提到的之外，其成员还有中胡、高胡、京二胡、革胡等等，已有五十多个品种。它们共同构成了中国传统音乐之中的“胡琴家族”。

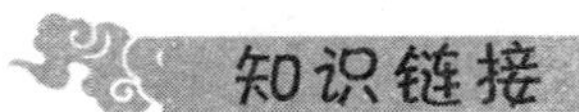

知识链接

从敦煌壁画上复制下来的乐器

1988年，甘肃省科委对“敦煌壁画乐器研究”予以立项，郑汝中与庄壮一起开始了敦煌乐器的研制工作。1992年3月，他们研制的54件敦煌乐器在北京通过了专家鉴定，琳琅满目的古乐器竟然从敦煌壁画上“走”了下来，成为活生生能演奏古朴音乐的实物登上了音乐舞台。此举震惊了音乐界。

仿制敦煌壁画上的乐器是音乐学术界极为瞩目的研究项目，它之所以备受关注是因为它的历史意义和人文价值。敦煌壁画是世界级的艺术宝库，时间跨度为北凉至元代的十个朝代（北凉、北魏、西魏、北周、隋、唐、五代、宋、西夏、元等），涉及的古代乐器图像就有数千件，它们在壁画上沉睡了一千多年，许多乐器今已失传。

郑汝中在一次参观敦煌莫高窟时，深深地被一幅幅壁画中的形形色色的乐器吸引住了。不久他找到敦煌研究院领导，提出要调到研究院从事敦煌乐器的研究仿制工作，调动很快就如愿实现。他到敦煌研究院后，一头扎入洞窟调查研究，一干就是十几年。

对于敦煌壁画中乐舞图像的第一手资料，郑汝中在前人对“壁画乐舞”图像调查的基础上，穷搜极索。例如，他所归纳的五十种琵琶款式的图像，就是在调查了240个乐舞洞窟后得出的。这些洞窟中绘有乐器约4000件，乐伎3000余人，不同类型乐队500多组。乐器种类总数44种，有横笛、竖笛、凤笛、异型笛、排箫、笙、角、画角、铜角、贝、埙、琵琶、五弦琵琶、葫芦琴、阮、弯颈琴、古琴、古筝、大箜篌、小箜篌、凤首箜篌、胡琴、腰鼓、毛员鼓、都昙鼓、鸡娄鼓、答腊鼓、羯鼓、节鼓、檐鼓、齐鼓、䝙鼓、大鼓、军鼓、手鼓、扁鼓、方响、铙、钹、拍板、钟、锣、串铃、金刚铃等。

不同时期的壁画上绘制的乐器反映中国乐器处于不断变革、发展的过程，也展现出中国乐器演变的时代脉络。北凉时期的乐器种类较简单，除管弦乐器和打击乐器外，多见吹奏单音或单个音组成的乐器，如海螺角、排箫等。到了北周、隋代，乐器数量及品种增加，出现了葫芦琴、号筒等乐器。到了唐、五代时期，乐器品种急剧增加，壁画中常常体现了当时宫廷乐队的局部意境；乐器的形制、部件、装饰极为华丽。宋代以后是敦煌壁画的衰落时期，壁画中很少绘制乐器，而在榆林窟西夏第3窟出现的胡琴图像则是我国最早的拉弦乐器。因此，有人认为敦煌壁画也是一部展示从南北朝到元代的图片乐器史。

1. 二胡

二胡过去主要流行于长江中下游一带，所以又称为南胡。

二胡的构造比较简单，主要由琴筒、琴皮、琴码、琴杆、千斤、弦轴、琴弦和弓杆、弓毛等九个部分组成的。

琴筒是二胡的共鸣体，一般用紫檀木、乌木或红木制作，也有用花梨木或竹子做的，最近几十年也使用低发泡塑料型材。形状有六角形、八角形、圆形、前八角后圆形等，变化多端，其中最常用的是六角形。筒长13厘米，前口直径（对边）8.8厘米。筒后面镶嵌着一个音窗（一般为雕木花窗），不仅对琴筒起了装饰作用，而且具有一定的扩音、传音、滤音和共振作用。二

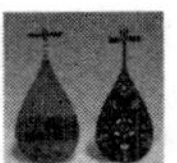

胡的琴筒是各种胡琴中尺寸最大的，其质地和形状对音量和音质有直接影响。

琴皮就是琴筒前口的蒙皮，也叫琴膜，是二胡发声的重要装置，也是振源的关键，对音质和音量有着直接的影响。普及型二胡一般蒙蛇皮，中高档二胡多为蟒皮。蛇皮鳞纹细密，纹路排列规则，并富有韧性，但质地较薄，音质易受气候、室温等因素的影响。蟒皮鳞纹粗而平整，色彩对比协调，厚度适宜而有弹性，不易受虫蛀，发音共鸣较好。一般而言，蟒皮的鳞片越大音色越好，又以蟒蛇肛门一带地方的最为理想，因为这个部位的蟒皮适应性广、发音浑厚圆润，并且性能稳定。蟒皮的薄厚和蒙得松紧对二胡的音色影响很大，过厚则振动迟钝，过薄则声音单薄易出噪音；蒙得过紧则声音尖硬，蒙得偏松则声音迟钝易塌陷。一般来讲用新蟒皮蒙琴筒最好偏紧一点，并且开始用时应在皮面上抹一点植物油，拉完琴后琴码压在皮上不要松弦，经过两三个月的每天拉奏，琴皮的张力就可达到松紧适中。这时，用完琴后用一截与琴筒横面一般长的铅笔架在弦下面，以减轻琴码对皮膜的压力，保持皮膜的最佳张力状态。还有，由于我国北方气候干燥，南方气候潮湿，皮膜受不同气候的影响也会产生很大的变化。因此在南方选购的琴到北方使用，要选择皮面张力偏松的；在北方选购的琴到南方使用，要选择皮面张力偏紧的。

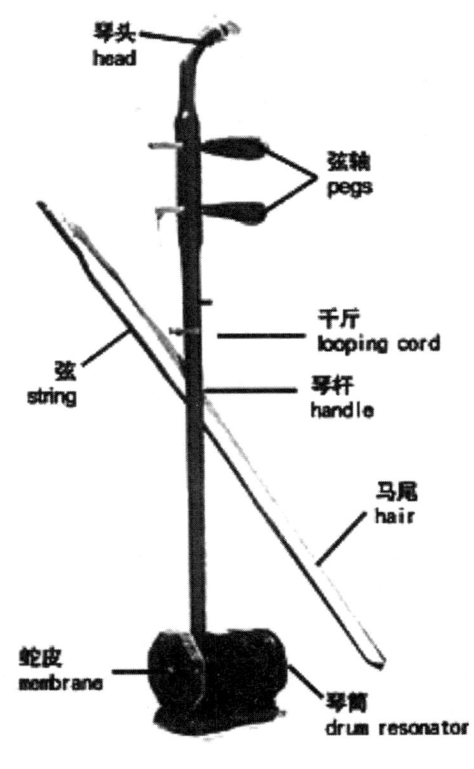

二胡结构图

知识链接

世界上最大和最小的二胡

世界上最大的二胡是上海民族乐器一厂的几位乐器大师共同制作的，4.2 米，琴筒直径 0.6 米，琴身用红木制作，琴筒上的振动膜是一张直径达 51 厘米的大面积蟒皮。

世界上最小的二胡是北京市市民王军制作的，长 4.7 厘米、重量 0.97 克。

琴码是琴弦与琴皮之间振动的媒介体，也就是说，琴码的作用就是把弦的振动传导到蟒皮上。作为联结二者的枢纽，琴码的选料、形状以及在琴皮上的安放位置对二胡的音质有重要影响。普及型二胡的琴码可以自己制作，但要注意形状，不宜过长或过短，也不宜过高或过矮，否则不利于琴皮振动性能的发挥。一般来说，以长约 0.4 寸，高约 0.25 寸较为适宜。琴码选料范围非常广泛，像高粱秸秆、火柴签、铅笔（最好将笔芯抽掉）等材料都可以。但不同材料和形状的琴码对于振动的传导性能不同，因此会导致二胡的音色不同。应当根据琴本身的音质选择使用恰当的琴码。比如发音沙哑的二胡采用纸琴码（即用牛皮纸或其他硬纸卷成实心筒），声音就要显得柔和一些；发音沉闷的二胡采用竹琴码，就可使声音变得较为响亮，更适合演奏活泼轻快的曲调；发音单调的二胡采用金属弹簧琴码，就可使发音变得较有共鸣。同样是发音沙哑的二胡，还可以适当增加琴码的长度，这样一来能够在一定程度上改善音质，但同时会大幅削弱音量。如果是竹制或木制琴码，当中最好挖空成拱桥形。中高档二胡最好采用特制的松节木或枫木琴码，高度为 1 厘

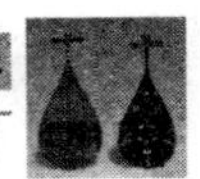

米，底部宽度为1.5厘米，上部横宽为1厘米。这两种琴码软硬适中，音色淳厚柔美，噪音少，音质纯正，失真度也小。另外还有钢丝琴码，但很少使用。

二胡的琴杆多用红木制作，也有用檀木、乌木的。琴杆是支撑琴弦、供按弦操作的重要支柱，全长83厘米，直径约为0.55寸。过长的琴杆易弯，过短则弦的张力不够，影响音色。琴杆的顶端为琴头，上部装有两个弦轴，下端插入琴筒。琴头呈弯脖形，也有雕刻成龙头或其他形状的。琴杆对于二胡的整体音色发音也有一定的影响。传统琴杆的横截面都是圆形。随着钢丝弦的普遍使用，琴弦拉力增大，现在普遍改为能抗弯的扁圆形。

千斤又称千金，是琴杆上扣住琴弦的线。千斤一般多是用棉线或丝线制成，也用有机玻璃、塑料、铜丝或铅丝等材料的；形式也多种多样，有固定千斤、线绕千斤、双千斤等。较常用的是线绕千斤。千斤绕在琴杆上，并将两根琴弦缚在一起，千斤至琴码端的琴弦部分是二胡的有效弦长，即有效演奏区，千斤以上至弦轴的一段是无效弦长。根据二胡艺术实践和人体工程学及人手的结构、大小特点，标准二胡有效弦长为38~42厘米之间，中间值为40厘米。千斤的位置一般在上弦轴到琴筒之间距离的约1/3处，缚扎宽度为1.7厘米左右。千金不可系得太长，也不可系得太短，合适程度要看演奏者指头的长短和琴杆的粗细。也就是说，指头长、琴杆细可将千金适当地放松一点；指头短、琴杆粗就酌情系紧一点。一般来说，琴弦距琴杆的空档在0.7寸左右较为适中。千斤可以上下推动，从而能够调节有效弦长，进而可以调节音的高低，对演奏过程中的临时变调甚为方便。但位置应大体固定，不可经常地移上移下。

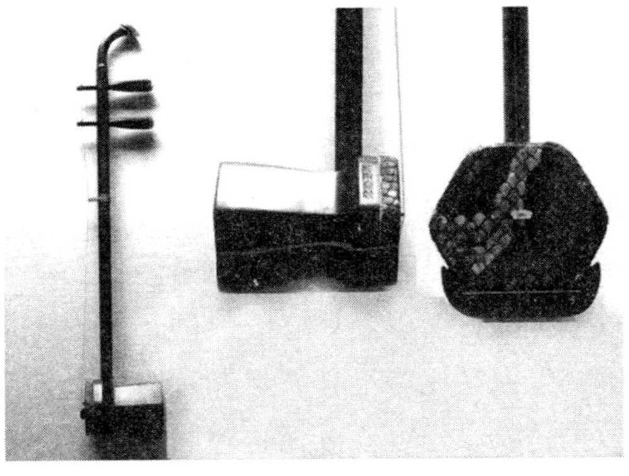

小叶紫檀木制作的高档二胡

二胡有上下两个圆锥体琴轴，又名琴轸。琴轴前端细小，有一穿弦小孔，中间渐大，后端最大。上轴系内弦，下轴系外弦，轴间相距约为0.26尺，下轴距琴筒一般为1.45尺。琴轴有木质轴和铜质机械轴两种，起定弦的作用。传统的琴轴多用黄杨木或黄檀木制成，是一个整体，琴弦直接缠绕在“出口”一端的末梢上。这种琴轴调弦的活动范围大，并能储存多余的琴弦线段，有利于琴弦的充分利用，但容易受到温湿度影响，时紧时松，容易跑弦。20世纪60年代初，二胡开始使用铜质螺纹机械弦轴，在外观上既保持了原来的民族形式，又克服了拧转费力、容易跑弦和日久损裂琴杆的缺点。如今市上出售的中高档二胡，其琴轴多为机械螺旋轴。但如果质量不过关，会出现松动、滑动等现象，容易跑弦走音。

二胡的琴弦有两种，一是现代的金属弦，拉力好、音质好、音准好和灵敏度高，又分铝质弦和银质弦两种，以银质弦最佳；另一种是传统的丝弦，它发出的音柔和细腻，但伸缩性大、寿命短、发音不够清、音准差而且易断弦、易变音。现在大多采用金属弦。二胡弦应是一粗一细，粗的一根称作内弦（也叫老弦），细的一根称作外弦（也叫子弦）。内外弦如果粗细相同，就会使两弦张力不平衡，发音不协调，灵敏度差；内外弦的弦径也不可悬差过大，粗细相差过于悬殊，就会产生音色不统一，影响按指等问题。内外弦有别，是二胡跟其他种类胡琴的最大区别。

二胡的弓由弓杆和弓毛两部分组成，全长85厘米左右为佳。弓杆一般用细实的老红竹、凤眼竹、江苇竹或紫竹制成，以节少、粗细均匀为上品。弓杆两端烘烤出弯，用以系马尾。弯度要适中，弯度过大则难以控制；弯度过小则影响握弓手指的灵活。竹子较粗一端是弓尾，细的一端装有活螺丝（名为弓鱼，一般用有机玻璃或兽骨制成），用来调整弓毛的松紧度。弓杆的长度要符合标准，粗细要适中，轻重要得当。弓子过轻过细则绵软无力；过粗过重则笨拙、音噪；过长则不好控制；过短则不易演奏长音。此外还要兼顾到质地坚实、是否老化、粗细匀称、中段不呈弧形以及与弓毛相互平行等情况。以上各个方面以及弓杆的软硬和弹性都会直接影响到演奏效果。弓毛多用马尾，以白马尾为最佳，黑马尾次之，简易二胡也有用尼龙丝仿制的，但音响效果较差。弓毛不可调得过松或过紧。过松会使弓失去应有的弹性，不易于操作；过紧则发音生硬，缺乏含蓄性，同时还容易使弓杆变形。在使用时还

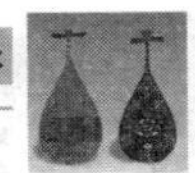

要随着气候的变化及时调整马尾的松紧，拉完琴后要将鱼尾螺丝拧松以保持弓杆的良好状态。此外，在演奏以前还要给弓毛打上松香。以经过提炼的透明色块状松香为最好，也可以用油松上分泌凝固成的天然结晶松脂代替。松香能够增大弓毛对琴弦的摩擦，更利于各种弓法的发挥，并能改善音质。而由于马尾一旦沾上油脂就擦不上松香，因此切不可用手摸马尾，以保持弓毛的洁净。

华彦钧（瞎子阿炳）。这是他唯一的一张照片，据说是用在日伪时期“良民证”上的。

除了以上九大部件之外，二胡还有两个重要的配件。其中一个是琴码的下面与皮膜之间塞的一小块绒布或毡子，叫做音垫，它能解决二胡的“狼音”，消除二胡的空旷音，使之集中、丰满。音垫的薄厚、大小要适中。过厚则影响音量；过薄则不起作用。作音垫用的材料有海绵、呢子、羊绒、棉布、麂皮、绒布等，用得最广泛的是海绵和呢子，效果最好的是天然麂皮。另一个重要配件是琴托，安在琴身的底部起着装饰、稳定琴身的作用。有的二胡还装有可调底托，用尼龙扣调节，演奏时更为方便。

刘天华

二胡的演奏手法十分丰富。左手有揉弦、自然泛音、人工泛音、颤音、垫指滑音、拨弦等；右手有顿弓、跳弓、颤弓、抛弓等。

二胡的音色接近人声，特别集中于中高音域。二胡的情感表现力极高，既适宜表现深沉、悲凄的内容，也能描写气势壮观的意境。

20 世纪 20 年代，二胡开始作为独奏乐器。在此之前，二胡多用于民间丝竹音乐演奏或民歌、戏曲的伴奏。二胡能发展成为独奏乐器和华彦钧（阿炳）、刘天华的贡献是分不开的。

其中，刘天华是现代派二胡演奏的始祖，他借鉴了西方乐器的演奏手法和技巧，大胆、科学地将二胡定位为五个把位，从而充扩了二胡的音域范围，丰富了表现力，确立了新的艺术内涵。由此，二胡从民间伴奏中脱颖出来，成为独特的独奏乐器，也为以后走进大雅之堂的音乐厅和音乐院校奠定了基础。

2. 京胡与京二胡

京胡是18世纪末，在前代胡琴的基础上改制而成的，最早也称“二鼓子”。直到今天，在一些老艺人和老北京的口中，它仍然沿用着“胡琴”的名字。它随着京剧的形成而产生，因主要用于京剧伴奏，因而最终定名为“京胡”，以区别其他种类的胡琴。

知识链接

徽班进京与京剧的形成

所谓“徽班”就是以安徽籍（特别是安庆地区）艺人为主组成的戏曲班社。他们同时兼唱二簧、昆曲、梆子、啰啰等声腔。早期主要活动于皖、赣、江、浙诸省，尤其在扬州地区。清乾隆五十五年（1790年），为庆祝乾隆皇帝八十寿辰，朝廷从扬州征调了以著名戏曲艺人高朗亭为台柱的“三庆”徽班入京演出，成为徽班进京的开始。此后又有四喜、启秀、霓翠、和春、春台等安徽戏曲班相继进京。在演出过程中，六班逐步合并成为著名的三庆、四喜、春台、和春四大徽班。

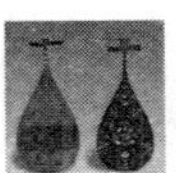

当时正是地方戏曲勃兴的时期。在各班进京以前，一些新兴的地方剧种，如高腔（时称京腔）、秦腔等已先行流入北京。徽班在原来兼唱多种声腔戏的基础上，又合京、秦二腔，特别是吸收秦腔在剧目、声腔、表演各方面的精华，以充实自己。同时适应北京观众多方面的需要和发挥各班演员的特长，逐渐形成了四大徽班各自不同的艺术风格，出现了“四徽班各擅胜场”的局面。至嘉庆、道光年间，来自湖北的汉调（又称楚调）艺人进京、参加徽班演出。徽班又兼习楚调之长，为汇合二簧、西皮、昆、秦诸腔向京剧衍变奠定了基础。经过长期的融合演变，二簧、西皮两个系统成为京剧声腔的主体，所以京剧也称为“皮黄”。京胡是“皮黄”音乐的代表。它是伴着“皮黄腔”的逐渐形成而发展起来的。

“四大徽班”进京，被视为京剧诞生的前奏，在京剧发展史上具有重要意义。

京胡的形制与二胡基本相同。琴杆又名担子，多用有5节的紫竹、白竹或染竹制成，在上方的第一和第二节上，各装有一个弦轴。在插入琴筒的一段杆身上，开有长方形、前后对穿的风口，它是琴筒的复共鸣部分。琴筒长11.4厘米、后口直径4.3厘米，用毛竹制，前口蒙蛇皮，后敞口。京胡用的蛇皮为野生的乌鞘蛇皮，颜色以黑色为最好。从捕蛇的时间上论，以惊蛰后的蛇皮最好；且蛇皮的花纹越大越好。不同的部位用法也不同，一般尾端的皮子最厚，但花也最小，适用于西皮琴；靠近肚皮的皮子薄，可用于二黄琴。

由于琴筒较小，蒙皮较薄，京胡的定弦相对二胡较高，因此弦的张力比较大，演奏时左右手用的力度也要相应加大。京胡的弓子长74厘米，在演奏时为了增加弓毛与弦之间的摩擦力，通常要把松香点燃后直接滴在琴筒上，

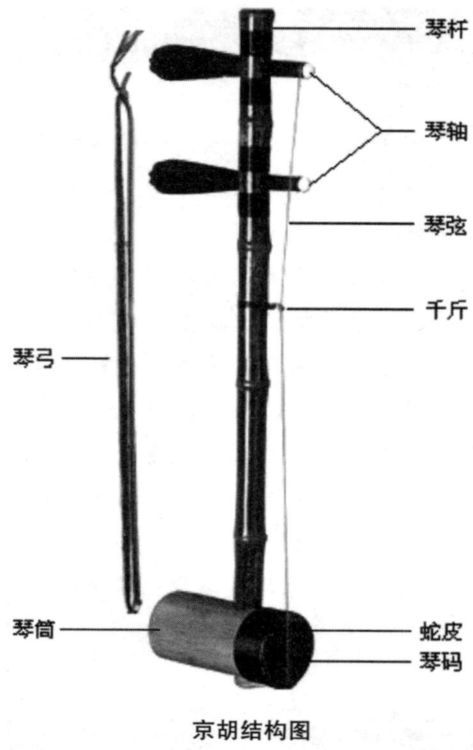

京胡结构图

以发出其高亢、清脆之声。

最早的京胡琴杆很短，琴筒也小，用软弓（即不张紧弓毛的弓）拉奏，当时的人把它称为软弓京胡。现在安徽、山东、河南、四川等地仍有保留用软弓演奏的。19 世纪以后，京胡逐渐开始用硬弓拉奏，琴杆和琴筒也不断加大，发音更加刚劲、嘹亮。

20 世纪上半叶，京剧演员不断降低音高，讲究行腔圆润，京胡的结构也随之变化，琴杆、琴筒不断加长，最终成为今天的模样。

早期的京胡只有一种规格，经过制琴师与演奏者长期的实践，京胡发展为各种规格，如西皮琴、二黄琴等，以适应京剧音乐发展的需要。

京胡音色响亮，能在润腔韵味上与演员的嗓音、唱腔完美地结合，完美地体现出京剧原汁原味的特色，成为京剧不可替代的伴奏乐器。如今，中国的作曲家还为京胡创作了很多独奏和协奏曲，京胡也从为京剧伴奏的角落走到了民族管弦乐队的中央。

京二胡又称“瓮子”，是 20 世纪 20 年代末由梅兰芳的琴师——京剧音乐演奏家王少卿和北京老京胡艺人洪广元在二胡的基础上研制的，主要目的是为了在京剧伴奏中加强中音。音色圆润、浑厚，音量宽大，特别是对京剧旦角的发音和情感，起到了升情绘境的作用，发展了京剧音乐的表现力。

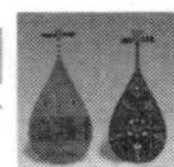

知识链接

梅兰芳与京二胡

梅兰芳剧照

京剧大师梅兰芳1894年生于北京的一个梨园世家，祖籍江苏泰州。祖父梅巧玲曾是赫赫有名的“四大徽班”之一四喜班的班主。伯父梅雨田，父亲梅竹芬皆承祖业。梅竹芬体弱多病，且长期酗酒，梅兰芳出生后，他又染上了肺病，不久就病死了。梅兰芳由伯父抚养长大，并跟随姐夫朱小芬学艺。

梅兰芳工青衣，兼演刀马旦，又求教于秦稚芬和胡二庚学花旦。11岁初登舞台，在北京广和楼演出《天仙配》。16岁正式起了“梅兰芳”这个艺名。1913年，20岁的梅兰芳首次到上海演出，在四马路大新路口丹桂第一台演出了《彩楼配》、《玉堂春》、《穆柯寨》等戏，一下子征服了挑剔的上海观众，风靡了整个江南。他吸收了上海文明戏、新式舞台、灯光、化妆、服装设计等改良成分，返京后创演时装新戏《孽海波澜》。第二年再次来沪，演出了《五花洞》、《真假潘金莲》、《贵妃醉酒》等拿手好戏，一连唱了34天。

1915年，梅兰芳大量排演新剧目，在京剧唱腔、念白、舞蹈、音乐、服装上均进行了独树一帜的艺术创新，被称为梅派大师。在此期间，他还刻苦学习昆曲、练武功，经常观摩学习其他各行角色的演出。经过长期的舞台实践，梅兰芳综合了青衣、花旦、刀马旦的表演方式，对京剧旦角的唱腔、念白、舞蹈、音乐、服装、化妆等各方面都有所创造发展，创造了醇厚华丽的唱腔，形成独具一格的梅派。

1916 年第三次来沪，他连唱 45 天。1918 年后，梅兰芳移居上海，这是他戏剧艺术炉火纯青的顶峰时代，多次在天蟾舞台演出。

梅兰芳的旦角扮相端丽，唱腔圆润，台风雍容大方，被称为旦行一代宗师，并被尊为“四大名旦”之首（另外三人是程砚秋、尚小云、荀慧生）。

1924 年，梅兰芳与王凤卿在上海合演《五湖船》（又称《荡湖船》）时，感到伴奏的音乐枯燥单调，缺少一种有厚度的中音乐器的衬托。王少卿听从了他的意见，与洪广元经过研究试制，将“苏州滩黄”二胡去头截尾、去掉音窗和改蒙蛇皮后，试制成了京二胡，搭京胡一起演奏，得到梅兰芳的肯定。京二胡最早只用于梅兰芳剧团的演出伴奏，他演出《宇宙锋》、《西施》和《凤还巢》等剧目都加用了这种乐器，后来又扩展成为青衣行当的伴奏乐器，再后来逐渐扩展到小生等各行当，现在已经是京剧不可或缺的重要伴奏乐器了。

梅兰芳是我国向海外传播京剧表演艺术的先驱。他曾于 1919 年、1924 年和 1956 年三次访问日本，1930 年访问美国，1935 年和 1952 年两次访问苏联进行演出，获得广泛盛誉，并荣获美国波摩那学院和南加州大学的荣誉文学博士学位。他结识了众多国际著名的艺术家、戏剧家、歌唱家、舞蹈家、作家和画家，同他们建立了诚挚的友谊。他的这些活动不仅增进了各国人民对中国文化的了解，也使我国京剧艺术跻入了世界戏剧之林。梅兰芳与斯坦尼斯拉夫斯基、布莱希特并称为世界三大表演体系。

梅兰芳还是一位伟大的爱国主义者，抗战期间蓄须明志，拒绝为日伪演出。同时由于在香港的存款也被日寇冻结，以致全家经济断绝，忍痛出售了一些房产和收藏，最后不得不靠写字卖画为生。但一次画展又遭到日伪汉奸的破坏，最后不得不举债度日。梅兰芳的行为被国人传为佳话，极大地鼓舞了中国人民奋勇抗战的决心。

解放后，梅兰芳先后当选为全国人民代表大会代表和中国人民政治协商会议全国委员会常务委员，历任中国京剧院院长、中国戏曲研究院院长、中国戏曲学院院长、中国文学艺术界联合会副主席、中国戏剧家协会副主席。1959 年，梅兰芳加入了中国共产党，并以 65 岁高龄，排演了最后一出新戏《穆桂英挂帅》。1961 年 8 月 8 日因心脏病发作，在北京病逝。享年 67 岁。

京二胡的结构和二胡相似，只是琴体比京胡大、较二胡小，除琴筒必蒙蛇皮外，其他材料与制作方示与二胡相同。京二胡的琴筒蒙蛇皮，选用色黑鳞大、油润较厚的蛇皮，皮薄则发音空。京二胡的琴杆为实心，故无复共鸣作用。这些都是为了增强中音效果而加以改变的。

3. 高胡、中胡与低胡

高胡是“高音二胡”的简称，也是在二胡的基础上改制而成的，因此其形制、构造均与二胡相同，只是琴筒比二胡略小略细，琴筒的后口不像二胡那样开有各种式样的音窗。高胡演奏时常用两腿夹着琴筒的一部分，这样做是为了控制音量及减少高音时的沙音。如果在琴码下方安装竹质音罩，罩内放置厚呢料类的“控制垫”，再在后口下方约三分之一处加装一软质木块，也能获得较好的效果。

高胡

高胡的产生和广东音乐以及广东地区流行的粤剧有着密切的联系。由于它曾作为粤剧伴奏的主奏乐器，因此，最初也称为“粤胡”。起初广东音乐中并没有这种乐器，在上个世纪二十年代前后，广东音乐作曲家和演奏家吕文成先生对二胡进行了大胆的改革，他把传统二胡的丝弦改为钢丝弦，提高了定弦，并发明了两腿夹着琴筒进行演奏的方法。这种音色清澈明亮的高音二胡，就被人们称作高胡，并且很快成为广东音乐中的灵魂。在吕文成之后，有的乐器制作家又从不同方向进一步探索过高胡的改进。有的人根据椭圆形扬声器的声学原理，把高胡的琴筒改为扁圆形状，使乐器共鸣频率范围加宽、音量加大。有的人制作出一种三根弦的高胡，这种高胡的琴筒前口呈扁八方形，后口为正八方形，琴筒内装有喉管和立体音窗，新增的低音弦使乐器的音域向下扩展了五度。这些工作都为高胡的发展作了有益的尝试。

高胡的快速弓法用得较多，奏强拍时，多用推弓。左手指法主要保留了广东音乐传统奏法，不用揉弦而用压按弦和空弦震音，并有各种滑音和旋律中自由的垫指加花。虽然高胡的琴筒也比较小，定弦也比二胡高，但由于它的琴筒是木制的，又用蟒皮蒙制，因此在演奏时不必用太大的力度即可获得悠扬柔美的音色。

高胡定音比二胡高一个纯四度或纯五度，音色明朗、清澈，高音清脆、嘹亮，低音圆润，有着特别丰富的表现力，适宜演奏优美、抒情以及秀丽、活泼的曲调。

现在的高胡得到了广泛的应用，已经成为民族乐队中的高音拉弦乐器，并经常与二胡构成八度合奏。高胡在民族管弦乐队里一般有 6 个席位，除担任主要曲调的演奏外，还经常用来独奏，也经常以华彩的方式给乐曲的主旋律作伴奏，并且能把主旋律按照情感的需要加以装饰。

中胡是“中音二胡”的简称，也由二胡改革而成，诞生于 20 世纪 30 年代。当时，著名的民族乐器制作师周荣庭（1907～1975 年）先生，为加强民乐队中音部的表现力，在二胡的基础上研制成了中胡。

中胡的形式、构造和二胡相同，只是琴筒比二胡大，琴杆比二胡稍长，琴弦也比二胡弦粗。20 世纪 70 年代，新中国的音乐工作者又进行了一次改革，将中胡的琴筒改成扁圆形或扁八方形，改革后的中胡在民族乐队中，与

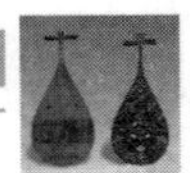

高胡、二胡一起使用，也用于江南丝竹、广东音乐等器乐和乐队合奏或越剧伴奏。近年来，又制成了扩音筒中胡，这种中胡的琴筒加长，后口改成喇叭形，能够用于独奏。

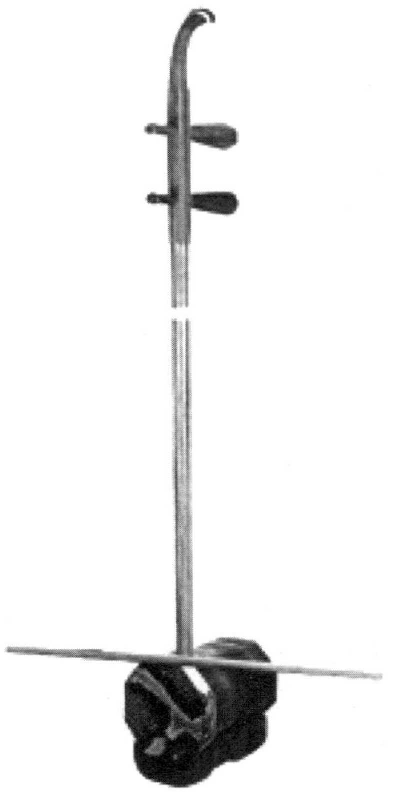
中胡

中胡的定弦比二胡低纯四度或纯五度，音色浑厚、温和、饱满，能够弥补高低音之间的空隙，使整个乐队音色丰满、雄厚。

在乐队中，中胡主要起衬托作用，以调整音色和加强音量。在民族乐队中属中音乐器，使乐队音响丰满、浑厚，有着温厚、饱满的音色性质，所有二胡的左右手演奏技法都能应用。因为中胡琴杆长，按音的把位也比较宽，演奏上不如二胡灵便，故不宜演奏快速、串把又很高的曲调。

低胡是“低音二胡”的简称，构造与二胡相同，但各部件比中胡更大。低胡的琴筒有圆筒和八方筒两种，皮膜大都用蟒皮，也有用羊皮或马皮的。琴头式样多为卷书式。

我国的民族管弦乐队一直缺少适合的低音乐器。以前民乐队多用广东音乐中的秦胡来拉奏低音。抗日战争时期，解放区的音乐工作者开始试制低胡，但到目前仍不够完善。20 世纪 70 年代又出现了膜板结合式琴筒的低胡，这可能是未来低胡发展的方向。

由于低胡的琴杆比中胡更长，因而按指的音位也就更宽，一般都要隔指按音，所以不适于演奏速度较快或把位变化过多的旋律，只能演奏简易和速度较慢的曲调。

低胡定弦比中胡又低了一个八度，主要用于在乐队中加强音响的厚度，比较适合演奏乐曲中的强拍、拉长音或是经过简化的曲调。特别是演奏弱奏缓慢的乐曲时，声音细微动听。

4. 板胡

板胡是在明末清初，伴随着地方戏曲梆子腔的出现，在胡琴的基础上变革而成的，因此又称梆胡。之所以定名为“板胡”，是因为它的琴筒由椰子壳或薄木板拼粘而成。此外，还有胡胡、大弦和瓢等称谓。

板胡的形制大部分与二胡相同，主要区别在琴筒和千斤。板胡的琴筒又叫瓢，为圆筒形，除了用椰子壳或木板制作的以外，也有用铜或竹筒的。琴筒最大的特点是采用了一头大一头小的形状，能使共鸣更加集中；板胡琴筒前口不蒙皮，而是蒙梧桐木板，以用木质松软、纹理顺直、匀密、无痕节和水渍者为佳品。正是这两个方面造就了板胡十分独特的音色。板胡的音筒后口有的敞口，有的开五个音孔，呈金钱眼状。板胡的千斤又称腰马，其用料也与二胡的千斤不同，使用牛角或红木制作，为一个扁形木片，用丝弦系于琴杆下轴到弦马的1/3处。

板胡的琴杆多用红木、紫檀木或花梨木制作，另以贵重的乌木为上。琴杆为圆柱形，上端是方形琴头，开有弦轴孔。弦轴多用与琴杆相同的木料或另用黄杨木制成，表面开有瓣纹，装在琴杆同一侧面。目前大部分板胡已改用木柄齿轮铜轴，调弦更加方便、准确。板胡的弓比二胡弓长而粗，弓毛多而坚硬。

由于板胡的定弦相对二胡较高，因此弦的张力也很大，在传统演奏方法中，特别是在戏曲音乐的伴奏中，我们常常看到板胡演奏者的左手手指戴有铁箍，这是为了加大手指按弦的力度，以获得其阳刚之声；同时也起到了保护手指的作用。

和其他种类的胡琴相比，板胡最大的特点就是音量大，音色清脆、高亢、嘹亮，尤其擅长表现高亢、激昂、热烈和火爆的情绪，同时也具备优美和细腻的特点，特别适合演奏活泼欢快的曲调，富有乡土气息。

板胡在中国大约有300多年的历史，流行于西北、华北、东北各省区，尤以陕西、甘肃、山西等省最盛。我国北方多种梆子腔戏曲和曲艺都用它作为主要伴奏乐器。同时，为了适应不同剧种、曲种的需要，板胡也演化出很多变种。如河北梆子板胡和评剧、山东梆子和吕剧使用的高音板胡，河南梆

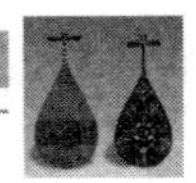

子和豫剧使用的中音板胡，秦腔、蒲剧、郿鄠、陇剧、陕北道情、兰州鼓子等使用的秦腔板胡（又称胡呼或秦胡），山西梆子、上党梆子和晋剧使用的次中音板胡（又称山西板胡或晋中板胡）。另外还有用于绍兴高调的板胡和用于广东音乐、戏曲、曲艺的椰胡。这些不同种类的板胡在琴筒大小、琴杆粗细、弦轴长短、琴弦的使用及音色等方面略有差异。

由于这样一种深厚的渊源关系，因此板胡在演奏戏曲、曲艺音乐时最能发挥特长。随着板胡形制的发展，板胡的演奏技巧也在不断地提高，表现力也更加丰富多彩。20 世纪 50 年代后，板胡开始走进民族乐队，在弦乐中担任高音声部演奏，又用于独奏，器乐合奏。

新中国成立以后，在音乐工作者和乐器制作者的努力下，板胡的制作技术也有了很大的发展，出现了许多新品种，比如三弦板胡、竹筒板胡、双千斤板胡和专用的独奏板胡等等。

5. 革胡

革胡是新中国成立以后，上海音乐学院的杨雨森在二胡基础上吸取其他拉弦乐器特点创制而成的一种乐器。

1949 年，鉴于中国民族管弦乐缺少低音弦乐器的历史，杨雨森决定发明一种民族特色的低音弓弦乐器。他从二胡入手，参考大提琴结构，于 1951 年研制出第一把革胡，取名“改革的二胡”，简称为“革胡”。随后，他又进行了不断改革，至 1979 年研制成“七九型”革胡，成为革胡的定型产品。

革胡的琴筒呈圆形，横置，长 37 厘米、前口外径 38 厘米。前口蒙蟒皮、马皮或羊皮，皮面张力可调；后口置音窗。琴码呈扁铲状，码脚与琴筒内置的音柱顶衔接，以使蟒皮不直接承受弦的压力，同时使皮膜振动范围扩大。琴杆用红木、花梨木制作，全长 170 厘米，上端雕刻成龙头状琴头，下端插入琴筒一侧，表面设弧形指板。与其他胡琴不同的是，革胡张四根弦，并用大提琴弓拉奏。

“七九型”革胡又将琴筒改为圆方筒协振式，采用了膜板结合式的协振鼓，在木制的长圆形鼓圈上，前面蒙以蟒皮，后面贴有桐木薄板。弦马也由扁铲式改为双卷耳式杠杆直马，构造更加复杂。同时，人们又研制成全板式革胡，琴筒呈扁瓮形，不蒙皮膜，前、后和右侧三面均设桐木板，通过音柱和杠杆直码使三板协振，音色更加淳厚低沉。

在革胡的基础上，人们又研制出低音革胡和倍低音革胡，大大拓展了民族管弦乐队的低音音域。

革胡的音色低沉明亮，圆润雄厚，音量较大，音域宽广。它吸收了二胡、中胡、坠胡、马头琴的演奏技巧并有所发展，并且由于有指板，弓在弦外，所以革胡的演奏技巧极为丰富，不仅能拉奏，还能拨弦弹奏。在民族乐队中，它还可以代替中胡和低胡。

自诞生以后，革胡一度被许多大、中型民族乐队采用，但始终面临推广困难。首先，无论是在结构、发声原理、定弦还是演奏方法上，革胡均模仿大提琴。但其音质、音量、共鸣效果、声音稳定性以及演奏规范方便上，却无法与大提琴相比。其次，现代民族乐团中的革胡演奏员大多是学大提琴出身，后来才改学革胡的。因此他们的演奏习惯、音准听觉或多或少会受西方音乐所影响，导致革胡在音律上总是与其他民族乐器存在细微的差异。再者，革胡的琴筒要蒙蟒皮的面积太大，实在不容易找到这样的大蟒蛇；而随着近些年保护野生动物声浪高涨，这种需要杀蟒取皮的乐器，自然成为批评的对象。再加上生产成本高等种种原因，革胡至今仍未能成为民族管弦乐队统一使用的低音乐器。

第六章

民乐合奏与民族乐队

合奏是我国传统民乐的常见表演形式。经过漫长的演化，中国民乐形成了多种多样的民乐合作形式。有一些形式虽然在历史上作为一个整体已趋于消亡，但却长期以其他演变形式存在于民间。

进入近代以来，受西洋管弦乐队演出形式的影响，我国开始探索民族乐队组合形式，民族乐队也走上了交响化道路。经过一段时间的摸索和实践检验，现在已经基本形成了较为固定的民族乐队编配形式。

第一节 民乐合奏

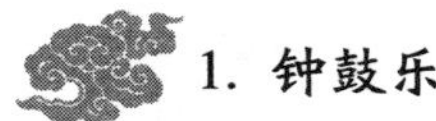

唐宋以前的古代器乐乐种

1. 钟鼓乐

中国古代的钟鼓之乐，一般被尊为雅乐，也是中国古代的宫廷音乐。

雅乐是随着周王朝的建立而出现的。在周武王立国以后，就命周公姬旦制礼作乐，建立各种贵族生活中的礼仪和典礼音乐，使音乐为成王权统治的重要工具。在内容上，它包含了远古图腾及巫术等宗教活动中的乐舞及祭祀音乐，也包含西周初期的民俗音乐。其应用场合为祭祀、食飨、军事等统治阶级生活的各个方面。

在周朝的礼仪活动中，严格地规定不同的场面使用不同的音乐。它的主要目的是使参加典礼的贵族受到伦礼教育的感化，造成一种庄严、肃穆、安静、和谐的气氛。

随着周朝的衰落和社会的发展，民间音乐逐步代替了雅乐。贵族们对雅乐渐感厌烦，而更乐于欣赏源自各国民间粗犷、鲜活的俗乐。这就是孔子所慨叹的所谓“礼崩乐坏”。相匹配典礼的雅乐，开始具有浓郁的生活气息，以后逐渐变得庄严神秘而又沉闷呆板。尽管如此，雅乐仍然一直受到此后历代王朝的尊崇，并始终享有政治上的崇高地位。历朝中央政府均设立专职官员

和职能部门负责有关雅乐的一切事宜。

为了保持雅乐肃穆、典雅、优美的风格，汉唐以来，每当俗音乐兴起并冲击雅乐时，中央政府就会动用行政手段进行干预。比如汉哀帝曾下诏予以纠正俗乐冲击雅乐的倾向；唐玄宗开元年间更明确规定演奏韶乐只能使用钟、磬、柷、敔等古乐器。

明洪武年间，雅乐更名为中和韶乐，成为专门用于祭祀、朝会、宴飨的皇家音乐。

中和韶乐采用镈钟、编钟、特磬、编磬、琴、瑟、笛、箎、箫、排箫、埙、柷、敔、笙、建鼓、搏拊共计十六种古代乐器，以表“八音具备”；在乐队编配上，突出钟、磬的音响，体现“金声玉振”的特色；同时，把歌词作为重要的组成部分，有乐必有歌，演唱时一字一音；在音乐的调式和调性方面，沿用中国传统的五声音阶。这一制度一直延续到清朝灭亡。

在中国漫长的封建专制时代，雅乐体系与法律和礼仪共同构成了贵族统治的内外支柱。并对东亚宫廷乐舞文化产生了极为深远的影响。

其中，日本的“雅乐”虽是起源于日本本土，但融合了来自中国唐朝的雅乐和燕乐，经过一千多年，现在已经基本日本化了。

韩国宫廷音乐在李氏朝鲜时代就有“乡乐”和“唐乐”之分。其中乡乐

经过复原的北京天坛神乐署中和韶乐表演

就是韩国本土的宫廷音乐，宗庙祭祀时一般也采用这种音乐。唐乐指的是“唐宋时期的俗乐”。另外的文庙音乐则完全保留了中国雅乐的传统。

中国传统雅乐的乐谱仍然保存至今，但所配合的舞蹈却已濒临失传。目前，这种音乐在传统音乐教育和表演中都没有找到合适的位置，处境较为尴尬。

2. 鼓吹乐

鼓吹乐来源于西北少数民族的马上之乐，秦末汉初，鼓吹乐已在北方汉族和少数民族的居住区流行。这种音乐主要采用打击乐器和管乐器演奏，故而得名“鼓吹”。最初多用鼓、角、笳来演奏，后来又逐渐加入排箫和横笛。

鼓吹乐进入中原后，因其嘹亮雄壮，最初被用于军乐。以后逐渐与各地民间音乐相结合，形成了各种不同风格的鼓吹乐，并加入歌词演唱。从《乐府诗集》所收的汉代鼓吹乐的歌词看，有不少涉及爱情和反对暴政等题材的作品，大部分是民歌。

鼓吹乐的种类和形式并无严格界限，并随时代不同而变化。后来它也用来为歌舞百戏伴奏，还有女乐参加演出。

知识链接

乐府与《乐府诗集》

乐府最初始于秦代，是朝廷设立的管理音乐的机构，负责执掌天子及朝廷平时所用的乐章，它不是传统古乐，而是以楚声为主的流行曲调。行

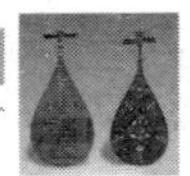

政长官为乐府令，隶属于少府，是少府所管辖的十六令丞之一。汉代沿用了秦的制度。公元前112年，汉武帝对其进行了大规模扩建，以李延年任协律都尉，作为乐府的最高长官，并明确规定其任务是组织文人创作朝廷所用的歌诗，收集编纂各地民间音乐、整理改编与创作音乐、进行演唱及演奏等。至成帝末年，乐府人员多达八百余人，成为一个规模庞大的音乐机构。公元前7年，哀帝登基，下诏罢乐府官，大量裁减乐府人员，所留部分划归太乐令统辖，从此以后，汉代再没有乐府建制。但乐府的基本功能和已经采集、创作的歌词乐谱等却由其他音乐机构保存下来。

魏晋时期，旧的乐府歌辞有的还在继续沿用，有相当数量的两汉乐府诗流传于朝廷内外。六朝有些总集专门收录乐府古辞，其中主要是两汉乐府诗。人们也开始把这一机构收集并制谱的诗歌称为“乐府诗”，或者简称乐府。最早采用这种用法的是南朝梁刘勰的《文心雕龙·乐府第七》。至南朝梁沈约编纂《宋书》，其《乐志》收录两汉乐府诗尤为众多。

到了唐代，这些诗歌的乐谱虽然早已失传，但这种文学形式却相沿下来，成为一种没有严格格律、近于五七言古体诗的诗歌体裁。唐代诗人经常沿用乐府旧题如《塞上曲》《关山月》等，并以这种形式叙写时事，抒发自己情感。中唐以后，也有人依照这种形式即事名篇，自制新题以反映现实生活的，被称为“新乐府”，以白居易等人为代表。

至北宋，郭茂倩编《乐府诗集》，把汉至唐的乐府诗搜集在一起，并按其曲调收集分类，使许多作品得以汇编成书。现存100卷，共5000多首。这对乐府诗歌的整理和研究提供了很大的方便。郭茂倩，字德粲，郓州须城（今山东东平）人。

《乐府诗集》把全部作品分为12类：郊庙歌辞、燕射歌辞、鼓吹曲辞、横吹曲辞、相和歌辞、清商曲辞、舞曲歌辞、琴曲歌辞、杂曲歌辞、近代曲辞、杂歌谣辞、新乐府辞。两汉乐府诗主要保存在郊庙歌辞、鼓吹曲辞、相和歌辞和杂歌谣辞中，而以相和歌辞数量最多。各类有总序，每曲有题解。每一种曲调的“古辞”或较早出现的诗放在前面，后人的拟作列于后面，使读者了解到文人诗是受了哪些民歌或者前代文人的影响。

在这些不同的作品中，郊庙歌辞和燕射歌辞属于朝廷所用的乐章，思想内容和艺术技巧都较少可取成分。鼓吹曲辞和舞曲歌辞中也有一部分作品艺术价值较差。但总的来说，它所收诗歌，多数是优秀的民歌和文人用乐府旧题所作的诗歌。其中的《木兰诗》与《孔雀东南飞》被后人称为“乐府双璧”。

《乐府诗集》是继《诗经·风》之后，一部总括我国古代乐府歌辞的著名诗歌总集，是现存收集乐府歌辞最完备的一部。以音乐曲调分类著录诗歌，对一些古辞业已亡佚，而其曲调对后人有过影响的乐曲，都作了说明。书中这些说明徵引了许多业已散佚的著作，使许多珍贵的史料得以保存。这对文学史和音乐史的研究都有极重要的价值。

但某些分类不太恰当，还有一些并不属于乐府的作品掺入其中。此外，由于它重在曲调，因此所录歌辞往往和关于曲调的叙述不太一致。

宋元以后，某些文人将套用歌词体式的不入乐的诗、词、曲亦皆名之为“乐府”，则是名词的混用了。

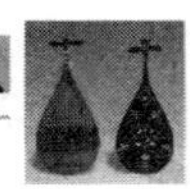

河南邓县南朝墓出土的鼓吹画像砖之一

鼓吹乐被宫廷采用后，被广泛用于军队、仪仗和宴乐之中。由于乐队的编制和应用场合的不同，分为多个种类：如由天子近侍掌握、主要用于皇帝的卤簿（仪仗）乐队或宴乐群臣时演奏的“黄门鼓吹”，亦称“长箫”；用于卤簿，随行帝王、贵族等车驾，骑在马上演奏的“骑吹”；主要用于行军、出游、射猎、郊祀等盛大场面“短箫铙歌”；用于赏赐军功、随军演奏的“横吹”，也称“鼓角横吹”。

河南邓县南朝墓出土了两块鼓吹画像砖。第一块砖上有奏乐者四人，自右至左，两人吹角，两人击鼓；第二块砖上五人，自右至左，一人吹横笛，一人吹排箫，两人吹长角，一人吹笳。两幅图画表现了南朝时期一支完整的、徒步行进中的鼓吹乐队。

隋唐鼓吹乐仍由天子近侍及太常鼓吹署掌握。基本情况仍同于前代。宋代的宫廷鼓吹乐称“随军番部大乐”，仍然用于贴近皇帝御驾的仪仗行列，由禁军或内监掌握，不再属鼓吹署。宋、元以后的鼓吹乐变化较大，各种类之间逐渐失去其间的区别，逐渐混一，统称为鼓吹。清代宫廷鼓吹乐称为“铙歌乐”，分卤簿乐、前部乐、行幸乐、凯旋乐4类。卤簿乐用于祭祀、朝会及宴乐，名为“铙歌鼓吹”。前部乐又称“大罕波”。行幸乐不用于祭祀，用于

河南邓县南朝墓出土的鼓吹画像砖之二

出行及停留之时，也常在骑驾出入间用以引导卤簿乐，包含有“鸣角”、“铙歌大乐”、“铙歌清乐”诸曲。凯旋乐用于出师、报捷、凯旋的祀神、敬天行礼活动，其铙歌、凯歌乐曲至今有乾隆年间定的工尺谱留存。铙歌乐所用乐器，除保存汉以来鼓吹乐有鼓、有角的遗制外，又增加了笙、篪、云锣、铙钹等金属打击乐器。

早在南北朝时期，鼓吹乐就已经流入民间并为豪富之家使用。明、清以后，作为宫廷与官府使用的鼓吹乐逐渐湮没在历史当中；而流入民间的鼓吹乐却在不同地区不断发展，形成了不同风格的民族器乐合奏，各以“鼓吹”、“鼓乐”、“吹打”为名。但将这些乐种与《乐府诗集》中现存鼓吹曲辞的形式与内容相比较以后，还是可以看出现代的民间鼓吹乐与两汉魏时期鼓吹乐的密切联系。

3. 燕乐

周代所谓的“燕乐”原本是后妃在宫中所用的娱乐性音乐，又称“房中乐”。有人认为今天《诗经》中的《周南》、《召南》部分保留的就是周代燕乐歌词。汉代依然延续了这种传统。

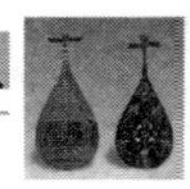

隋唐两代，随着大统一时代的到来，特别是在唐初到开元、天宝时期的百余年间，社会空前繁荣安定，形成两汉以后封建社会的最伟大的时代，文化艺术也发展到高峰。在几位热爱音乐的皇帝倡导甚至直接参与之下，宫廷乐工们系统总结了汉魏晋南北朝历代的民歌传统，并大量吸收了以西域为主的外来音乐元素，形成了一种新的、艺术性很强的宫廷歌舞音乐，专用于宴饮时娱乐欣赏。这就是燕乐。

隋唐燕乐包含了多种音乐形式，声乐、器乐、舞蹈、百戏无所不有。其中尤以歌舞音乐占有最重要的地位。多段的大型歌舞曲叫做大曲，在唐代燕乐中具有突出的艺术成就。燕乐所使用的主要乐器有琵琶、箜篌、筚篥、笙、笛、羯鼓、方响等。

隋炀帝好尚华丽，集中了六朝以来流散在各地的乐工 3 万人，属之太常寺辖之，经常做极豪华的表演。隋炀帝时把大型的宫廷乐队按照所奏乐曲的来源，分为“九部乐”。包括清乐、西凉（今甘肃）乐、龟兹（今新疆库车）乐、天竺（印度）乐、康国（即康居，今新疆北部及中亚）乐、疏勒乐、安国（中亚）乐、高丽乐、礼毕（最后所奏，一说即文康乐）。唐初又把“九部乐”改为“十部乐”，包括：燕乐、清商伎、西凉伎、天竺伎、高丽伎、龟兹伎、安国伎、疏勒伎、康国伎、高昌（在今新疆）伎。

其中的燕乐杂用中外乐种，狭义的“燕乐”概念指的就是这一部乐。隋唐的清乐或清商伎是保存的汉魏以来的旧乐。其他各部都以外国或外族名称立名。这些乐曲都是根据外来音乐重新创作的，并保存了较多的外来音乐的元素。

唐玄宗李隆基精通音乐，既能作曲，又是吹笛高手。他在位时期，宫廷中乐工多至数万人，设“教坊”5 所加以管理。又设“别教院”，专门教练宫廷音乐创作人员。下设的“梨园”，精选具有相当水平的乐工男 300 人，女数百人，由玄宗亲自教练，号称“皇帝梨园弟子”。玄宗还把十部乐打散，混编为“坐部伎”和“立部伎”两部。坐部伎在室内坐奏，人数较少，乐器声音较清细；立部伎在室外立奏，人数较多，乐器声音较大，常是很喧闹的合奏，

有时还加入百戏（杂技）等一同表演。

唐燕乐中最辉煌的是大曲，这是一种综合了歌唱、器乐和舞蹈的大型综合音乐表演形式，大曲中的“法曲”部分是其中最为精致绚丽的。唐玄宗亲自创作的《霓裳羽衣》就是法曲中最有名的一首。

安史之乱以后，宫廷音乐衰退，宫廷乐工多散落民间。为了糊口，他们开始在宫外表演歌舞或传习技艺，使燕乐广泛传播到民间。

五代时，南唐和后蜀的宫廷中荟集了一些乐工；宋统一后，也设立了教坊，但都已经无法恢复盛唐规模。宫廷内外能够演奏的大曲只是唐燕乐的一部分。

在民间，宋代的大曲开始向歌舞剧演变，许多乐段逐渐变为曲牌，分散于宋词、杂剧、说唱和民间器乐中，大曲作为一个整体最终消亡。南宋以后，虽然经过辽、金、元、明直至清代，宫廷中依然保留有燕乐表演形式，但已经无法与唐乐相比。

唐代燕乐传入日本，后发展成为日本的“雅乐”，时至今日，宫内省雅乐队以及一些寺院还在演奏。

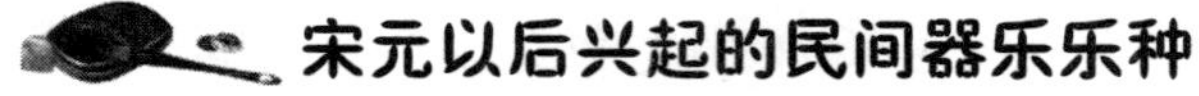

宋元以后兴起的民间器乐乐种

1. 丝竹乐

丝竹乐就是用竹制吹管乐器与弦乐器合奏的民乐演奏形式。作为一种表演形式，“丝竹”自魏晋以来的诸多文献中都有记载。但今天民间的各种丝竹乐表演形式，是在明清时期伴随着各种地方戏曲的繁荣而发展起来的。

丝竹乐演奏风格精致细腻、善于表现优美抒情、轻快活泼的情趣。依据流行地域的不同，有以下几种主要形式：

江南丝竹，于清末开始流传，流行区域以上海为中心，包括苏南和浙西

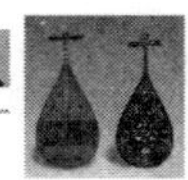

地区。江南丝竹一般为三五人演奏，常用乐器有二胡、小三弦、琵琶、笛子、箫、鼓、板等。江南丝竹音乐风格明朗、轻巧、欢快，很好地展现了山明水秀的江南乡村风貌。

广东音乐，形成于清末民初，流行区域以广州市和珠三角地区为中心，包括湛江和广西白话区。主要乐器有二弦、三弦、月琴、横箫和提琴（一种比板胡稍大但形制相同的乐器），后来又吸收了二胡和扬琴。广东音乐的题材一般为描绘花鸟等景物，节奏明快，情绪欢快，热情向上。

潮州弦诗，于明代出现，至今已有700余年历史。主要流行于广东潮汕地区和闽南一带，后来随华侨传至东南亚。主要乐器为竹弦、洞箫和月弦，多表现花、月、鱼、虫等古雅题材，音乐以抒情为主。

福建南音，可以追溯到晋唐雅乐和燕乐，主要流行于闽南和台湾地区，所采用的乐器如琵琶，形制和演奏方式都保留了唐代以前的风貌；尺八和奚琴也都保留唐宋古制。曲牌和曲式、调式等都保留有唐代及唐代以前的遗存，堪称中国古代音乐的活化石。

北方的丝竹乐一般称为弦索乐，与丝竹乐略有区别。弦索乐一般为筝、琵琶、扬琴、三弦、胡琴等纯弹弦乐器合奏，而无竹制管乐器。代表性的地方乐种有北京的“弦索十三套”、山东的“碰八板”、河南的“板头曲”等。

2. 鼓吹乐

明代以后，鼓吹乐开始在全国各地民间流行起来，并一直持续至今。总体来看，民间鼓吹乐的演奏形式大致有三种，分别以唢呐、笛子和管子为主奏乐器。同一地区的鼓吹乐也可能三种形式兼备，但总以其中之一为主。经过长期的发展和演变，目前在全国范围内都有鼓吹乐的地方性乐种。其中最具代表性的有：

冀中管乐，约产生于清代，主要流行于河北省中部地区，以定县最为著名。冀中管乐有两种主要形式，其一为僧道在法事中演奏的宗教音乐，

河北保定雄县赵岗村冀中管乐赴北京中央音乐学院表演照

另一种为有音乐演奏才能的农人自由组织的“吹歌”班会，主要在乡村婚丧嫁娶和节庆期间演奏。冀中管乐采用的主要乐器有管子、梆笛、笙、鼓、小镲等，并参用京二胡等拉弦乐器。其音乐风格活泼健朗，轻快热烈，声势宏大。

山西八大套，约从清中叶开始，主要在陕西省五台、定襄两县及周边地区流行，主要用于乡村婚丧嫁娶和庙会等场合。山西八大套保留了传统大型器乐套曲的演奏形式，每套有固定的曲牌和固定的演奏顺序，其中保留了很多宋元杂剧和散曲的曲牌。乐队编制为7～8人，以管子为主奏乐器，另配笛子、笙、堂鼓等伴奏乐器。八大套音乐总体风格简朴、清雅，快板部分欢快热烈。

鲁西南鼓吹乐，约从明清之际开始在山东菏泽、济宁地区流传，演奏曲目以宋元杂剧曲牌和明清小曲为主，演奏者多为半职业的鼓乐班，平时以理

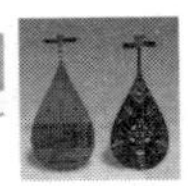

发为业，主要在婚丧嫁娶等场合负责演奏，以唢呐为主奏乐器。

辽南鼓吹，从清中叶开始在辽宁地区流传，多由农民自发组成鼓吹班。辽南鼓吹的曲目多来自元明以来的曲牌，并吸收了一定数量的当地民歌和器乐曲牌，普遍以唢呐为主。

3. 吹打乐

吹打乐也是从唐宋鼓吹乐发展演变而来的，主要流行于西北、江浙和华南地区。在分布上与鼓吹乐流行的地区呈互补状态，因此，也可以笼统算在鼓吹乐里面。但吹打乐同时以吹、打两类乐器为主，而不是单以吹管乐器为主，这是二者的主要区别。从演奏曲目和风格上，可以分为“粗吹锣鼓”与“细吹锣鼓”两类。粗吹锣鼓声势浩大，雄壮热烈，多用大锣鼓及唢呐、管、长尖等乐器。细吹锣鼓柔和细腻，常用竹管主吹并配以大锣鼓，有时吹中辅以丝弦。从演奏形式上分为“坐乐”与“行乐”两种。坐乐演奏于室内，行乐演奏于室外，特别是道路行进。二者所奏乐曲也有所区别。吹打乐的主要乐种有：

十番锣鼓，明代已经产生，主要流行于苏南地区，以苏州、无锡为主。在民间婚丧嫁娶和节庆、庙会等场合均有演出活动。十番锣鼓在演奏时锣鼓乐和丝竹乐交替进行或重叠演奏，编制和风格变化多样。

浙东锣鼓，从明代开始流传，以浙东奉化等地最为发达。曲目基本来自戏曲音乐唱腔和当地民歌。浙东锣鼓的演奏形式多样，乐队编制也因曲目和地域而又多有变化，但均以打击乐为主。

潮州锣鼓流传于广东潮汕地区，与潮剧音乐关系密切，约在清咸丰年间成熟起来，主要特色是大鼓的应用。在乐队中大鼓还起到指挥的作用。

西安鼓乐主要流行于西安及周边地区，有部分曲目可以追溯到唐代燕乐的大曲，受到明清以来戏曲音乐影响较大。西安鼓乐多在夏秋之际庆贺丰收的场合演出，至今保留有二十余种五百多首曲目。

第二节 民族管弦乐队

组合形式

上世纪20年代，随着中西文化交流日益频繁，民族器乐演奏开始模仿西方交响乐队的编配形式，走上了“交响化”的道路。民族管弦乐队综合了民间的丝竹乐队和吹打乐队，经过近半个世纪的探索，到新中国成立之后，仿照西洋乐器按演奏方式分组的方式，大致形成了较为成熟的民族管弦乐队组合形式，目前一般包括：

拉弦乐器组：高胡，二胡，中胡，革胡，倍革胡。

弹拨乐器组：柳琴，扬琴，琵琶，中阮，大阮，三弦，筝。

吹管乐器组：曲笛，梆笛，新笛，唢呐（高音、中音、低音），笙（高音、中音、低音）。

打击乐器组：堂鼓，排鼓，碰铃，锣，云锣，吊镲，军鼓，木鱼。

具体编制

根据演出需要和人数不同，民族管弦乐队可以分为小型、中型和大型三种。

小型民族乐队一般多由20至25人组成，最多不超过30人，最少10多人即可。具体编制为：

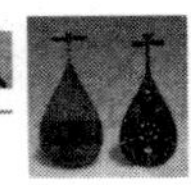

拉弦乐器：高胡1~2人（可兼板胡）、二胡3~4人、中胡1~2人、大胡1~2人（可用大提琴代替）、革胡0或1人（可用低音提琴代替）；

弹拨乐器：琵琶1~2人、柳琴1~2人、中阮1~2人、大阮0或1人、扬琴1~2人、古筝0或1人；

吹管乐器：笙1~2人、唢呐0或2人（其中一人可兼管子）；

打击乐器：2~3人。

中型民族乐队由30人至60人所组成。编制：

拉弦乐器：高胡4~6人（有人可兼板胡）、二胡6~8人、中胡3~4人、大胡2~3人（可用大提琴代替）、低音革胡1~2人（可用低音提琴代替）；

弹拨乐器：柳琴2~3人、琵琶3~4人、中阮1~2人、大阮1~2人、低音阮0或1人、扬琴1~2人、三弦0或1人、古筝1~2人；

吹管乐器：梆笛1人、曲笛1~2人、加键笛0或1人、高音笙0或1人、中音笙1~2人、低音笙1~2人、键盘笙0或1人、高音唢呐1人、中音唢呐1人、低音唢呐1人、加键唢呐0或1人、管子1人、喉管0或1人；

打击乐器：3~4人。

大型民族乐队有60人直至100人以上。编制：

拉弦乐器：高胡6~8人（有人可兼板胡）、二胡10~12人、中胡6~8人、大胡4~6人（可由大提琴代替）、低音革胡4~6人（可由低音提琴代替）；

弹拨乐器：柳琴3~4人、琵琶6~8人、小阮0或1人、中阮2~3人、大阮2~3人、低音阮1~2人、扬琴2人、三弦0或1人、古筝2~3人、箜篌1人；

吹管乐器：梆笛1人、曲笛2~3人（其中一人可兼梆笛Ⅱ）、加键笛1人、高音笙1人、中音笙1~2人、低音笙1~2人、键盘笙1人、高音唢呐1人、中音唢呐1人、低音唢呐1人、加键唢呐0或1人、管子1~2人（其中一人可兼双管）、喉管0或1人、巴乌0或1人；

打击乐器：板鼓、堂鼓、缸鼓、排鼓、小锣、大锣 4～5 人、小镲、铙钹、木鱼、碰铃、低音大锣（大筛锣）、云锣。

民族乐队的发展与完善

与西洋管弦乐队不同之处在于：民族管弦乐队没有铜管组，但多了一个弹拨乐组。除此以外，我国的民族乐器组合中最大的特点也是最大的问题是缺少低音乐器。因为传统的中国器乐合奏往往采用支声复调的音乐织体，各种乐器均演奏旋律，在这样的音乐形式中，不需要用到功能和声，因此也不需要所谓“低音声部”，因此也没有一种专门担当低音及伴奏角色的乐器。随着 20 世纪初西方音乐思想的渗入，传统中乐合奏以加花齐奏旋律为主的支声复调渐受欧洲古典主义的和声思想影响，迫使当代民族音乐家开始在民族乐队中加入低音乐器。这种努力一般遵循两个方向进行尝试，一是直接引入西方现成的低音乐器；二是对中国传统乐器进行改革和创新，尝试研制具有民族特色的低音乐器。

采用西方的低音乐器大提琴及低音大提琴无疑是一个简便的办法。而且大提琴和低音提琴的声音非常低沉，安排在民乐队中不会过于显眼。取其之长，补己之短，又不失民族色彩，当然也是件好事。但无论如何，既然是中国的民族管弦乐队，理应具备中国特色。采用不属于自己民族的西洋乐器，实属无奈之举，因为中国低音拉弦乐器未发展完善是不争事实。当然，如果我们同意中乐团继续朝着“交响化”的道路进发，适当地引进外来乐器，也未为不可。反过来说，如果把中国民族乐团目前常用的西洋乐器都摒弃掉，音响色彩确实会相差很远，亦难以达到“交响化”的要求。

因此，从长远来看，设计出一种专门为民族乐队所用的完善低音乐器是必须的。因为中国器乐合奏的“交响化”已成为大趋势，乐器的改革不得不跟随交响化的步伐。

早在 20 世纪 30 年代，卫仲乐等人成立的上海大同乐会初尝试参考西洋

管弦乐队时已采用新改革的椰壳大胡和幢琴作为中低声。1936 年国民政府下属的“中央广播电台”国乐组根据南胡的原理制成了大胡和低胡。1936 年郑荣发明了“四弦大胡”。50 年代杨雨森开始试制革胡。1958 年庄本立创造了大四筒琴。还有低音羊胡、羊皮大低胡、拉琶、牛腿琴等等尝试。直到 20 世纪末 21 世纪初，北京制琴人江云铠还在革胡的基础上制成了“古瓶胡”。可以说，长达一个世纪的时间里，中国音乐人从未停下试制低音拉弦乐器的脚步。

但是，这些乐器往往有着这样那样的缺点，要么音质差，要么音量不够，要么音域有限或不够低沉。总之，与大提琴相比仍有很大差距。因此很多乐器都是发明后不久便无人再用，或是虽被使用但范围有限。至今仍然没有一种中国人自制的低音拉弦乐器被民族管弦乐队广泛、普遍地采用。很多民族乐队仍用大提琴和低音提琴作为低音声部。

可以说，中国的民族乐队在采用低音乐器的问题上正陷入一种两难境地。一方面，民族管弦乐队之所以需要低音拉弦乐器，就是因为受了西方音乐观念的影响，甚至民族管弦乐团本身根本就是西洋交响乐团的翻版。如果反对在民族乐队中使用大提琴和低音提琴，那么是否应该先反对模仿西方的乐队编制？另一方面，如果真的下决心不采用西方的大提琴和低音提琴，中国值得使用的低音拉弦乐器实在不多，也不够成熟。还有人的问题：目前民族乐队中的低音拉弦乐器演奏员，不管在演出时使用的是什么乐器，他们往往都是学习大提琴出身。他们的演奏习惯、音准听觉和音乐美学观念是完全西化的。当新的、民族式的低音乐器甫一出现之时，他们往往并不热衷，个别人甚至成为尝试和推广民族低音乐器的阻力。这些问题都需要长期努力才能克服。

目前，民族乐器在青少年中的普及程度日益提高，中国民族管弦乐在世界上也受到越来越多的重视。

第三节 我国民族乐器演奏

民族乐器演奏

我国民族乐器演奏形式大体可分为独奏、重奏、合奏等。

独奏。是指一个人演奏某一种乐器，可以有伴奏。我国的独奏音乐历史悠久，早在春秋战国时就有著名琴曲《高山》和《流水》等。过去传承的民族器乐曲，独奏和合奏往往没有严格的区分，同一首乐曲可以灵活采用独奏或重奏等不同演奏形式，如唢呐曲《小开门》、《百鸟朝凤》等既可独奏，又可合奏。新中国成立后，独奏音乐蓬勃发展，涌现出大量不同民族乐器的独奏曲，其中有不少是经过整理改编的传统曲目，但更多的是反映现实生活的新作品。

重奏。是指由两个或两个以上声部结合在一起演奏的形式，它的每一个声部均由一人演奏。传统的有笙、笛重奏，笛子重奏，唢呐重奏等形式，其织体手法一般都比较简单，多采用支声式复调织体手法。新中国成立后创作的重奏曲，不但织体手法丰富了，重奏的特点也加强了，如：筝、高胡、扬琴三重奏《春天来了》；管子、笛、筝、打击乐四重奏《空谷流水》；丝弦五重奏《欢乐的夜晚》等。

合奏。是由众多演奏者演奏多个乐器声部的形式。在我国，众多乐器齐奏同一声部（同度或八度音程关系）也习称“合奏”。合奏乐队采用吹、打、

民族乐队

弹、拉各类乐器，色彩丰富、音响丰满。合奏的形式多样，常见的体裁有管乐合奏、弦乐合奏、打击乐合奏、丝竹乐合奏、吹打乐合奏、民族管弦乐合奏等。

江南丝竹

江南丝竹是流行于江苏南部、上海、浙江西部一带的器乐曲形式，乐队以丝弦和竹管乐器为主，所以称为丝竹乐。

在清咸丰庚申年（1860 年）《秘传鞠氏琵琶谱》的手抄本中已载有《四合》一曲（据说此版本问世时间还要往上推溯很多年）。据研究，《四合》这一套曲自成一系，现在流行的江南丝竹八大名曲中的《行街四合》、原板《三六》、《云庆》都与它有渊源。另在公元 1895 年李芳园编的《南北派十三套大曲琵琶新谱》中附有《虞舜熏风曲》（俗名《老八板》）和《梅花三弄》（俗名《三落》），这些曲谱与江南丝竹中相关曲目的旋律大致相同。因此可见，至少在清代（1860 年）以前，江南丝竹乐曲已在民间流行。

1911 年后，丝竹乐逐渐以上海为中心，成立了许多演奏团体，如“文明

雅集”、“清平社”、“钧天社”等。1920年左右，在上海城隍庙点春堂举行了一次各地丝竹音乐爱好者集会，到会者有200多人。上海江南丝竹的班社有“清客串”和“丝竹班”，所谓“清客串”是人们在业余之暇奏丝弄竹以自娱娱人，参加者都是社会各阶层中的丝竹乐爱好者。“丝竹班”分散在上海郊县，常在婚丧喜庆等场合中演出。

其特点风格如下：

（1）地区特点。丝竹乐在江苏、上海、浙江等地的城市和农村都很流行，但风格完全不同。城市丝竹乐风格典雅华丽，加花较多；而农村则常用锣鼓，气氛热烈、风格简朴。

（2）乐队构成。丝——二胡、中胡、琵琶、三弦、扬琴、秦琴等；竹——笛、箫、笙；其他——板、板鼓、碰铃。

（3）旋律特点。江南丝竹在合奏时，各个乐器声部既富有个性，又互相和谐，支声性复调织体手法很有特色。乐曲多来自于民间婚丧喜庆和庙会活动的风俗音乐，也有的是长期流传于民间的古典曲牌。

（4）结构特点。①基本曲调的变奏，如《中花六板》、《慢六板》、《欢乐歌》、《云庆》。②类似西洋音乐回旋曲式的循环式结构，如《老三六》、《慢三六》。③多曲牌联奏的套曲，如《四合如意》、《行街》。

其代表作品如下：

（1）《中花六板》。民间艺人以《老六板》为母曲发展出《快花六板》、《花六板》、《中花六板》、《慢六板》，并将其组合成套，称为《五代同堂》。“五代同堂”这一名称是取其吉利之意，子孙五代同堂，福高寿长，另外也示意五曲同出一宗。

《中花六板》是《老六板》的放慢加花，即将节拍逐层成倍扩充，而速度逐层放慢，旋律一次又一次地加花。乐曲清新流畅、细腻柔美，富有浓郁的江南韵味。

（2）《四合如意》。又名《桥》，为丝竹素材汇聚而成的综合大曲，“四合”是曲牌名，包含由多首曲牌联合成套之意。《四合如意》因流传地区不

同，有《苏合》、《杭合》、《扬合》等不同版本，其中上海地区的《四合如意》流行最广，是一首由八首曲牌联缀而成的大型套曲。包括《小拜堂》、《玉娥郎》、《巧连环》、《云阳板》、《紧急风》、《头卖》、《二卖》、《三卖》。

乐曲从散板开始，接下来的慢板是《三六》的放慢加花，此曲最大的特色是后半部分的“卖”，由多种丝竹乐器轮流独立演奏，演奏者可即兴发挥，争相献技，有相互传接和竞赛的意味，故又称为“赛”。演奏者彼此间的过渡自然流畅，并与合奏穿插进行，相逐成趣，变化自如。最后丝竹齐鸣，渲染出热闹欢腾的气氛。

（3）《欢乐歌》。曲调明快热情、旋律流畅、起伏多姿，富有歌唱性。乐曲由慢渐快，欢乐的情绪逐渐高涨，常用于喜庆庙会等热闹场合，表达了人们在节日中的欢乐情绪。

乐曲采用放慢加花的变奏手法，将母曲《欢乐歌》发展成慢板和中板段落，构成 A1 – A2—A 变奏结构，也就是说，作为发展基础的主题在后，因此有人称它为“倒装变奏式”。

（4）《三六》。又名《三落》，本曲在原始谱的基础上，根据加花的程度，又可分为《老三六》（即《原板三六》）、《中板三六》、《花板三六》三首独立的乐曲。

此曲脍炙人口，流传甚广，主体由多个曲调组成，各个曲调间采用一个相同乐段的“合头”串连。形成一个完整的乐曲，不仅相同的曲调形成了调式、速度上的对比，而且构成分散聚合的艺术效果，使旋律更加活泼流畅，欢快而富有弹性。

广东音乐

广东音乐产生和流传在广东珠江三角洲一带，内容包括粤剧、潮州音乐、小曲及地方性民歌曲艺等。我们现在所讲的广东音乐则专指丝竹音乐（小曲）。广东音乐的音响色彩清脆明亮、华美，旋律跳跃、活泼。乐曲结构多为

短小单一的小品，很少有大型套曲。

在近代，广东小曲盛行一时，无论是戏曲伴奏、街头卖艺还是婚丧喜庆都要演奏它，当时把这种乐队演奏的乐曲又叫做“八音”、“行街音乐”、“座堂乐”等。

广东音乐最初形成于清末民初，发展迅速，不久即风行全国，在港、澳及东南亚各国华侨聚居的地方也很盛行。清末，在广州市以及珠江三角洲一带流行着不少“过场”、“小调谱”等，广东音乐就是在这些民间音乐基础上发展起来的。这段时期使用的乐器有二弦、提琴（非西洋提琴，我国乐器，形制与板胡相同，约在明代出现）、三弦、月琴、笛（或箫），俗称“五架头”，又称“硬弓”。

广东音乐早期乐曲音符较散，节奏也缺少变化，在长期的发展中，逐渐成熟，形成新的特点：即在曲调进行中加有多种装饰音型，称作“加花”。早期乐曲是民间流传的集体创作作品。严老烈又名严公尚，是20世纪初广东音乐的核心人物，此时的代表曲目有《旱天雷》、《连环扣》、《倒垂帘》、《三潭印月》、《饿马摇铃》、《小桃红》、《汉宫秋月》、《双声恨》、《雨打芭蕉》等。

20世纪二三十年代是广东音乐的兴盛时期，出现了许多专业的作曲家和演奏家，如何柳堂、吕文成、易剑泉、尹自重等。约在1926年间，受江南丝竹影响，吕文成将二胡引进港、澳，并改用钢丝琴弦，移高定弦，创制了发音清脆明亮的粤胡（又称高胡），后又加入扬琴、秦琴，并以高胡为主奏乐器，此为“三件头”，又称“软弓”。后来在“三件头”的基础上加入洞箫、笛子、椰胡等丝竹乐器，乐队进一步扩大，大约在1930年左右定型。这一时期的代表曲目有何柳堂的《赛龙夺锦》、《鸟惊喧》、《醉翁捞月》、《七星伴月》；吕文成的《步步高》、《平湖秋月》、《醒狮》、《岐山凤》、《焦石鸣琴》；尹自重的《华胄英雄》及易剑泉的《鸟投林》等。

20世纪50年代以来，广东音乐得到了很大的发展，音乐工作者对广东音乐进行搜集、整理，并对广东音乐的和声、配器等方面进行研究改革，出版了不少乐谱，创作并演出了大量优秀曲目，如陈德巨的《春郊试马》、林韵的

《春到田间》、刘天一的《鱼游春水》和乔飞的《山乡春早》等。

广东音乐目前所用的乐器有高胡、扬琴、秦琴、洞箫、大阮、中胡等，以高胡为主奏乐器。“滑指”是广东音乐最具特色的演奏手法，又分小绰、大绰、小注、大注、回滑等。定弦有合尺调、上六调、乙反调、士工调、工乙调，不同的定弦表现不同的情绪。

其代表作品如下：

（1）《旱天雷》。此曲由广东音乐作曲家、演奏家严老烈根据《三宝佛》的第二段《三汲浪》改编而成。《三汲浪》原是一首琵琶小曲，严老烈把原曲乐句拆开，运用放慢加花技法，对原曲进行了新的节奏处理，充分发挥了扬琴“密打竹法”和善于演奏大音程的特长。乐曲旋律活泼流畅、生机盎然、节奏欢快，表现了人们久旱逢甘霖时的喜悦心情。

（2）《步步高》。此曲是吕文成的代表作，是一首颇有特色的广东名曲。乐谱出自 1938 年的《琴弦乐谱》（沈允升著），在当时已很流行。《步步高》曲如其名，旋律轻快激昂，层层递增，节奏明快；音浪此起彼落，有张有弛，音乐富于动力，具有奋发上进的积极意义。

（3）《鸟投林》。此曲由易剑泉作于 1931 年，是广东音乐兴盛时期的代表作。乐曲以清新优美的旋律，描绘了夕阳西下、百鸟归巢的动人场面，描绘了诗情画意的南国风光。全曲静中有动，乐曲形象而富有生气。

乐曲一开始是一段恬静的旋律，表现了幽静的森林暮色。之后突然出现一阵鸟鸣声，这是一段华彩，犹如群鸟滑翔，投入林中。夜幕降临，森林逐渐安静下来，但巢中尚有鸟声。曲终之前，突然一声鸟鸣，表现还有一只小鸟没有入睡。

（4）《雨打芭蕉》。这是一首广东音乐的早期佳作，据传由何柳堂作曲。乐谱初见于 1917 年左右丘鹤俦编著的《弦歌必读》，后经潘永璋整理。乐曲结构为两部分，乐曲素材源于“八板”的变体。乐曲通过放慢加花等变奏手法，应用节奏的顿挫、连断对比和对旋律乐句的短碎处理，使之形象生动，音乐优美动人。音乐一开始，流畅明快的旋律表现出人们的欣喜之情。接着

句幅短小、节奏顿挫、对比排列的乐句互相催递，音乐中短促的断奏声，犹闻雨打芭蕉，淅沥作响，摇曳生姿，极富南国情趣。

此曲最早的一张唱片由粤乐名家吕文成等三人演奏，风格朴实无华，显现出广东音乐早期的清新格调。新中国成立初期，全国民间音乐舞蹈会演时，广东代表团在乐队中增加了笛和碰铃等乐器，演奏充满热情，富有生气。20世纪60年代初，方汉又通过多声、配器等作曲手段对此曲加以改编，使之更为优美动听。乐曲最后的高胡领奏，清新愉悦、别有情趣。

福建南音

福建南音也叫“南音”、“南管”或“弦管”，是流行于闽南地区的民间乐种。“福建南音”曲调优美委婉，风格古朴典雅。其历史渊源可追溯到唐、宋时期。“福建南音”一般包括“指”、“谱”、“曲”三大部分。乐队组合形式分为“上四管”和“下四管”两种。乐器有：南嗳（小唢呐）、琵琶、三弦、二弦、响盏、四宝、声声（铜铃）等。其乐曲曲名有曾见之于汉、唐文献记载中的《摩诃兜勒》、《阳关》、《汉宫秋》、《后庭花》、《婆罗门》等，故又称之为“唐、宋遗音”，是研究唐、宋音乐的珍贵资料。

潮乐

潮乐是流行于广东潮汕平原及福建部分地区一种古老的民间乐种。中原古乐传入潮汕地区后，受方言及民情影响，与当地民间曲调相互渗透，并吸收弋阳腔、昆曲、汉调、秦腔、道调和法曲，融合形成了具有地方色彩的潮州音乐。特色乐器有二弦、唢呐和深波。二弦声音尖亮高亢，是弦诗乐的主奏乐器。深波是宽边大锣，用软槌击奏，音色浑圆纯厚。此外还有椰胡、扬琴、小三弦等。潮乐分广场乐和室内乐两大类：广场乐有潮州大锣鼓、外江锣鼓、八音锣鼓、花灯锣鼓和小锣鼓；室内乐包括弦诗乐、笛套古曲、细乐

和庙堂音乐。其中弦诗乐是用弹拨乐器演奏诗谱的总称。细乐的演奏形式为独奏或小合奏，分硬软两套。其优秀曲目有：《寒鸦戏水》、《柳青娘》、《昭君怨》、《狮子戏球》等。

潮州大锣鼓按传统习惯分为“文套”、“武套”两类。“文套”多为叙事性的抒情乐曲；“武套”大多描写战争场景。“武套”所用打击乐器有：大鼓、低音鼓、斗锣（8～24 面不等，但必须双数）、深波、钦仔、抗锣、苏锣、大镲、小镲，各打击乐器均无固定音高要求。管乐器用双管编制，唢呐两个、笛子 4～8 个、有时加用大号头。“文套”所用打击乐器与“武套”相同，但斗锣仅用 2～4 面，管乐器有：小唢呐、笛子，弦乐器有：扬琴、椰胡、三弦、琵琶、提胡、大胡等。潮州大锣鼓打击乐的主要特点是应用了大鼓、斗锣、深波和钦仔等特色乐器。其演奏风格浑厚雄健、刚劲激昂。

潮州弦诗乐是潮州音乐中最具代表性的乐种，主要演奏的乐器有头弦、二弦、提胡、小三弦、琵琶、秦琴、扬琴、笛子等。潮州弦诗乐的调式非常具有特点，有轻三六调、重三六调、活五调、反线调四个主要调式。例如：潮州弦诗乐把传统五声调式的“5、6、1、2、3”五个音分别以汉字“二、三、四、五、六”来标记，其中，重三六调即“5、7、1、2、4”为骨干音，“6、3”为过度音的调式。很多学者认为，潮州音乐是唐宋音乐的“活化石”。代表作有《狮子戏球》。

绛州鼓乐

绛州鼓乐流行在古代的山西绛州一带，绛州即今天的山西新绛县。一般以演奏套曲为主，套曲中的每个曲牌亦可独立成章。绛州鼓乐气势浑厚、热烈豪放，在演奏上有独到之处，特别是华彩段的演奏，能充分运用鼓、鼓槌以及鼓架，调动每个部位最佳的音响区进行打击，使发出的声韵别有地方风味。代表作有《滚核桃》等。

西安鼓乐

西安鼓乐是流行于陕西西安地区的民间器乐乐种，以西安近郊长安县何家营村、周至县南集贤村和蓝田县等地最为显著。“西安鼓乐”由民间组织的鼓乐社在春节、夏收、冬闲以及各种集会等场合演奏。“西安鼓乐”的历史源远流长，特别是在乐队组织、曲体结构、谱式以及曲名、曲牌等方面，与历史上唐、宋时期的音乐很相像，对研究唐、宋音乐具有较高的参考价值。现存的资料有：《陕西鼓乐社与铜器社》（油印本，杨荫浏等人编写）、《西安鼓乐曲集》、《陕西鼓乐译谱汇编》（西安鼓乐研究中心编辑出版）等。

河北吹歌

河北吹歌是我国传统器乐吹打乐之一种，流行于河北，约有 200 年以上的历史。它以吹奏乐器为主，辅以打击乐器及旋律性乐器，演奏曲目大多来自民歌和戏曲唱腔，故名吹歌。演奏这种吹打乐器的班社组织则称为吹歌会。

河北吹歌的乐队组合有两种基本类型：一是以管子、海笛为主，辅以丝弦乐器，再加一种打击乐器；另一种乐队组合是以唢呐为主，加上一组打击乐器。吹歌通常是在迎亲、喜庆、迎神、送殡等场合演奏，年节时为民间歌舞伴奏。

河北吹歌分冀南吹歌、冀中吹歌、冀东吹歌。

河北吹歌

冀南吹歌的主奏乐器是唢呐，配以笛子、打击乐等。冀南吹歌以永年吹歌最具代表性。永年是历史上有名的文化古城，吹歌队众多，乐曲异常丰富，分大套曲、小套曲、杂牌曲三类。以《刘备过江》为代表的大套

曲、以《唐帝三载曲》为代表的小套曲、以《将军令》为代表的杂牌曲，具有热烈奔放、质朴粗犷、温柔轻巧的各不相同的艺术风格和艺术特色。

冀中吹歌最有代表性的是定州吹歌。据说苏东坡在任定州知府期间，曾为农民插秧时所唱的田歌小曲填词正曲，所以后人有“苏吹歌”、“苏秧歌”之说。定州吹歌的特点是以管子为主奏乐器，唢呐、笙、笛、板胡等为伴奏乐器。演奏的乐曲以反映农家生活和田园风光的《打枣》、《放驴》、《豆叶黄》等最富风味，演奏时情绪热烈，讲究音色和韵味之美。其中，“咔戏”是个绝活，用管子、唢呐吹奏一段乐曲之后，放下手中的乐器，嘴里继续发出奇妙的音响，不仅能模仿河北梆子《大登殿》、豫剧《朝阳沟》等戏曲唱腔，还能学出各种飞禽走兽的叫声，令观众拍手叫绝。它的秘密是演奏者舌下含个很小的金属片，可发出奇妙的声响。

冀东吹歌，音色甜美淳厚、娓娓动听。在冀东一带被誉为“花吹之最”的是唢呐演奏家陆云起（绰号陆铁嘴）。“花吹”是以长杆大唢呐为主奏的一种表现形式，也是冀东吹歌中独有的。陆云起高超的演奏艺术，娴熟的表演技巧，把长杆唢呐的音色控制得极为纯净甜美。尤其是花吹中的连续三次拔节、摘碗、反手、倒手、剜、点、扭、转等演奏技艺绝妙异常，令人赞不绝口。陆云起吹奏的代表作品有:《柳青娘》、《满堂红》等。

知识链接

苏南吹打

苏南吹打始创于京师而盛于江苏南部无锡、苏州、宜兴一带，流传于南京、常州、上海等地的吹打音乐分“十番鼓”“十番锣鼓”两种。

以独奏鼓为主、把丝竹曲牌联合成套头的“十番鼓”。典型的“十番锣鼓”以锣鼓为段、锣鼓牌子与丝竹乐段交替或重叠进行为主要特点。主要用于宗教活动及民间各种风俗礼仪活动，僧、道两家称之为“梵音”。根据其所用乐器的不同，可分为“清锣鼓”和“丝竹锣鼓”两大类。只用打击乐器演奏的为“清锣鼓”；兼用丝竹乐器演奏者称“丝竹锣鼓”。乐队的人数8～12人不等，所用乐器，少则10余件，多则30余件。主奏乐器为笛(极少量乐器为笙)，配合使用的打击乐器比较丰富，有：堂鼓、板鼓、大锣、马锣、齐镲、内锣、春锣、汤锣、大镲、小镲、木鱼、梆子等。现存的流传较广的曲目有：《划龙船》、《小桃红》、《万家欢》、《喜遇元宵》等。

“苏南吹打”的结构庞大，组织有序，锣鼓段的写作非常有规律，是我国吹打音乐中的重要乐种。

图片授权

全景网

壹图网

中华图片库

林静文化摄影部

敬　启

本书图片的编选，参阅了一些网站和公共图库。由于联系上的困难，我们与部分入选图片的作者未能取得联系，谨致深深的歉意。敬请图片原作者见到本书后，及时与我们联系，以便我们按国家有关规定支付稿酬并赠送样书。

联系邮箱：932389463@ qq. com

参考书目

1. 唐译．一生不可不知道的中国乐器．北京：企业管理出版社 . 2013
2. 唐俊乔．中国民族乐器小百科——笛子．上海：上海音乐出版社 . 2012
3. 于元．中国文化知识读本：中国古代乐器．长春：吉林文史出版社 . 2012
4. 应有勤．中外乐器文化大观．上海：上海教育出版社 . 2008
5. 林克仁．中国箫笛史．上海：上海交通大学出版社 . 2009
6. 唐译．一生不可不知道的中国乐器．北京：中国戏剧出版社 . 2007
7. （英）马修斯，区昊．乐器插图百科．北京：希望出版社 . 2007
8. 陈伟．二胡艺术史．合肥：安徽人民出版社 . 2007
9. 倪洪林．古兵器·乐器鉴赏及收藏：中国民间收藏实用全书．西安：北方文艺出版社 . 2005
10. 乐声．中国乐器博物馆．北京：时事出版社 . 2005
11. 简其华．中国乐器介绍．北京：人民音乐出版社 . 2004
12. 乐声．中华乐器大典．北京：民族出版社 . 2002
13. 陈建华．管乐器手册．上海：上海音乐出版社 . 1999
14. 金文达．中国古代音乐史——音乐自学丛书·音乐学卷．北京：人民音乐出版社 . 1994

中国传统民俗文化丛书

一、古代人物系列（9 本）

1. 中国古代乞丐
2. 中国古代道士
3. 中国古代名帝
4. 中国古代名将
5. 中国古代名相
6. 中国古代文人
7. 中国古代高僧
8. 中国古代太监
9. 中国古代侠士

二、古代民俗系列（8 本）

1. 中国古代民俗
2. 中国古代玩具
3. 中国古代服饰
4. 中国古代丧葬
5. 中国古代节日
6. 中国古代面具
7. 中国古代祭祀
8. 中国古代剪纸

三、古代收藏系列（16 本）

1. 中国古代金银器
2. 中国古代漆器
3. 中国古代藏书
4. 中国古代石雕
5. 中国古代雕刻
6. 中国古代书法
7. 中国古代木雕
8. 中国古代玉器
9. 中国古代青铜器
10. 中国古代瓷器
11. 中国古代钱币
12. 中国古代酒具
13. 中国古代家具
14. 中国古代陶器
15. 中国古代年画
16. 中国古代砖雕

四、古代建筑系列（12 本）

1. 中国古代建筑
2. 中国古代城墙
3. 中国古代陵墓
4. 中国古代砖瓦
5. 中国古代桥梁
6. 中国古塔
7. 中国古镇
8. 中国古代楼阁
9. 中国古都
10. 中国古代长城
11. 中国古代宫殿
12. 中国古代寺庙

五、古代科学技术系列（14 本）

1. 中国古代科技
2. 中国古代农业
3. 中国古代水利
4. 中国古代医学
5. 中国古代版画
6. 中国古代养殖
7. 中国古代船舶
8. 中国古代兵器
9. 中国古代纺织与印染
10. 中国古代农具
11. 中国古代园艺
12. 中国古代天文历法
13. 中国古代印刷
14. 中国古代地理

六、古代政治经济制度系列（13 本）

1. 中国古代经济
2. 中国古代科举
3. 中国古代邮驿
4. 中国古代赋税
5. 中国古代关隘
6. 中国古代交通
7. 中国古代商号
8. 中国古代官制
9. 中国古代航海
10. 中国古代贸易
11. 中国古代军队
12. 中国古代法律
13. 中国古代战争

七、古代文化系列（17 本）

1. 中国古代婚姻
2. 中国古代武术
3. 中国古代城市
4. 中国古代教育
5. 中国古代家训
6. 中国古代书院
7. 中国古代典籍
8. 中国古代石窟
9. 中国古代战场
10. 中国古代礼仪
11. 中国古村落
12. 中国古代体育
13. 中国古代姓氏
14. 中国古代文房四宝
15. 中国古代饮食
16. 中国古代娱乐
17. 中国古代兵书

八、古代艺术系列（11 本）

1. 中国古代艺术
2. 中国古代戏曲
3. 中国古代绘画
4. 中国古代音乐
5. 中国古代文学
6. 中国古代乐器
7. 中国古代刺绣
8. 中国古代碑刻
9. 中国古代舞蹈
10. 中国古代篆刻
11. 中国古代杂技